言葉は凝縮するほど、強くなる

古舘伊知郎

はじめに

一点突破の「凝縮《ぎょうしゅく》ワード」に思いを詰め込む会話術

「言葉を凝縮する」というテーマと、「しゃべりの総尺が長くなる」古舘伊知郎は、最も対極にあると思われたかもしれません。

実際、この話は大事だなと思ったら止まらなくなります。

先日も、講演会の依頼があり、その打ち合わせの席で「イントロダクションと話す項目を教えてください」と言われ、気づいたら6時間もぶっ通しでしゃべってしまいました。

そんな失敗があるからこそ「凝縮した言葉を使う」ことの必要性も誰よりも痛感しています。

本書を開いたあなたは、少なからず「自分の話術をなんとかしたい」と思っていることでしょう。

「緊張して、何を言いたかったか忘れてしまう」

「とにかく説明が下手で話が取っ散らかる」

「上手くオチがつけられない」

分かります。

なぜ分かるかと言えば、最近、僕も自分のしゃべりが受け入れられていないという痛切な思いを感じたからです。


2016年3月31日、『報道ステーション』のメインキャスターを自分のわがままで辞め、12年ぶりにバラエティの世界に舞い戻りました。そこで痛感したのが、自分のしゃべりが時代と噛み合っていないということでした。

「とにかく話が長い。勘弁して！」

「実況解説がくどい。お腹いっぱい」

「自己主張が強い」

そんな声が視聴者からチラホラ聞こえ、呆然《ぼうぜん》としました。

12年の歳月を経て、僕はバラエティの「浦島太郎状態」になっていたんです。


どうしてそんな流れになったのか。

もう少し詳しくお話ししましょう。

報道番組の12年間

繰り返しますが、『報道ステーション』を辞めた理由は僕のわがままです。

キャスターを打診された当初は、

「スーツは着ない、もちろんネクタイも締めない。そんなざっくばらんな〝普段着〟感覚のニュース番組を作りたい」

という思いがありましたが、現実はそんなに甘くはありませんでした。

たとえば、こんなフレーズを伝えることがありますよね。

「いわゆるこれが、事実上の解散宣言とみられています」

「これが、解散宣言です」とは言えないケースがあります。

なぜなら万が一、この情報が間違っていたら、当然ながら誤報となるからです。

もしも、事件や事故のニュースで間違った情報を伝えたら、とんでもなく傷つく人が出てきます。名誉棄損で訴えられる可能性もあるでしょう。

だから、ニュース番組では、慎重に慎重を重ねて「いわゆる」「事実上の」「〜とみられています」などと、**二重、三重に言葉の損害保険をかけて伝えなければなりません。**

ニュースを伝えるって、こういうことなんです。

僕は、局アナ時代から含めると43年以上しゃべる仕事をしてきましたが、報道番組に携わった12年間は、最もしゃべる〝量〟が少なかった。

それどころか、黙っていないといけないこともありました。

言っていいこと、言ってはいけないことの狭間で、まさに舌先のタイトロープ。

しゃべりたい衝動を抑え、一言一言慎重に進む、しゃべるボルダリング。

しゃべり手人生の中で、しゃべりを抑制するという今までにない経験ができたという点では、大変良い勉強をさせてもらいました。

でも、干支が一回りしたあたりで、もっと自分なりの「言葉」で、自分だからできる「しゃべり」で多くの人を楽しませたい――。そんな思いが募《つの》ってしまい、辞めさせてもらいました。

そしていざ、バラエティという〝シャバ〟に出てみたら……。

ありがたいことに、レギュラーも数本決まりました。
ところが……です。

一気呵成《いっきかせい》のしゃべりはテレビには向かない

僕が得意なものの一つに、局アナ時代から担当していたプロレスや、フリーランスになってから携わったF1、競輪などの実況中継があります。

伝える対象者について知識を得て、目の前で展開する状況のどこを切り取るか即座に判断し、かつ、イメージを喚起《かんき》できる言葉のチョイスを心がけていました。

アイルトン・セナを**「音速の貴公子」**と呼んだり、レースの途中でリタイアしたマシンを引き上げる様子を**「カジキマグロ状態」**とたとえるなどして、より分かりやすく、より面白く視聴者に伝えようとしました。

1988年から始めた「トーキングブルース」というマイク一本の舞台では2時間半ぶっちぎりのしゃべりのみ。

僕は5時間でも6時間でも平気でしゃべれます。2時間半では話し足りないくらいなのですが、このトークライブを「面白い」と言って足を運んでくださるお客様はたくさんいました。

真面目なテーマを面白おかしく、よくしゃべる。ペラペラしゃべる。このスタイルは舞台では受け入れられる。

人の話を受け入れてくれた時代は確かにあったと思うのですが、しかし、最近のテレビバラエティに戻ってみたら、12年前とはすっかり様変わりしていました。

今のバラエティ番組は、ひな壇が作られ、そこに何十人ものタレントさんや芸人さんがずらりと並んで座ることが多いです。

これが何を意味するかというと、**「短い持ち時間の中で、いかに面白いこと、気のきいたこと、鋭いことが言えるか」が勝負になる**ということです。

MCも同様です。

活躍する芸人さんを筆頭に、短いセンテンスでツッコミとオチまでつけられるMCが優秀とされ、そういう人が視聴者に受け入れられ、ゆえにテレビ局に重宝されていました。

考えてみたら当然ですよね。

普段の私たちの日常会話の中ですら、効率化が求められているのです。

ちょっとでもダラダラしゃべれば一般人でも、

「その話、撮れ高なくない？」

と言われてしまう時代。

気がつけばバーッと湯水のようにしゃべる僕は、おそらく浮いていたのでしょう。

「今どきのバラエティ番組の作り方に慣れるまで、試行錯誤しよう」と思っていたのですが、それを待たずして打ち切りになった番組もありました。

長い！　長い！　俺の話は長過ぎる！

普段はなるべくこらえているのですが、**窃盗癖みたいなもの**なのでしょうか。こらえて、こらえて、あるとき爆発しちゃう。収録中、アドレナリンが出てくると、しゃべりが止められなくなってしまうのです。

ある日のこと、

「あのしゃべりのシーンは、なんで全面カットされちゃったのかな？」

と放送を観ながらボヤいたとき、間髪入れずに「当たり前です」と言い切った男がいました。

放送作家の樋口卓治《ひぐちたくじ》です。

彼は、僕が『F1グランプリ』の実況を始めた頃に事務所に入ってきた後輩で、今も『ネーミングバラエティー日本人のおなまえっ！』を始め、数々の番組に構成作家として参加してくれるなど、最も信頼の置けるブレーンの一人です。

樋口は、続けてこう言いました。


「古舘さんの話は長いんですよ。この前だって……」


僕は『古舘トーキングヒストリー』という番組をやっています。これは〝歴史×ドラマ×実況〟という変わった番組なんです。

これまで『忠臣蔵』『本能寺の変』が放送されて好評を博し、第三弾として幕末最大の謎『坂本龍馬暗殺』に迫る番組を作っていました。

その最中の出来事です。

坂本龍馬の妻・おりょう役が橋本マナミさんで、事件のカギを握る大事な入浴シーンの撮影がありました。

その撮影待ちの間に、僕は湯船のそばにポツンと立っていました。

間が持たなくなり、「魅力的ですね」とつないだら、

「(お風呂に)一緒に入ります?」

と返してくれたのです。

そのとき僕はとっさに気のきいたことが言えず、

「いやいやもう、そばにいるだけで充分で……。そもそもこんな直径60㎝ほどの湯船の中に私が二人目として入るなんて、とてもじゃないけど……」

とダラダラ話したのです。

すると、現場にいた樋口が僕の背後に近づいてきて、こう言うのです。


「古舘さん、ダメですよ」

「何がだよ?」

「もっと簡潔に面白く話さないと」

「いいじゃないか、カメラが回ってるわけじゃないんだから」

「こういうときは、『一緒にお風呂? とんでもない。**代わりにちょっとだけお湯飲んでもいいですか?**』って茶目っ気たっぷりに言ったら、笑いがドカンときて編集点ができて、次に行けるじゃないですか!」

なるほど、確かに……。

内心、樋口の言うことが面白いと思いつつも、すぐには認められない。

「『お湯飲む』なんて、気持ち悪がられたらどうするんだよ」

「そのときは『蕎麦屋行って、シメで蕎麦湯飲むじゃないですか』って愛嬌良く言うんですよ」

その後も、「長くしゃべったって相手は聞いてくれない時代なんですよ！」と樋口の短いセンテンスのお説教が続き、僕は木《こ》っ端《ぱ》微塵《みじん》になり、図星だなと思ったのです。

一点突破の凝縮ワードに思いを詰め込むことならできる！

話が長い以外に、僕にはもう一つ悪癖があります。

ある場合では、「俺が、俺が」というトークになりがちです。

それは僕の持ち味なのですが、あくまで「相手に聞いていただくトーク」を前提に踏まえなければダメです。

相手とコミュニケーションを図る中で、

「がんばってるのに、話を聞いてもらえない」

という経験をした人はいると思いますが、相手が何を求めているか考えず、自分ファーストのエピソードトークをくり広げて、結果ペラペラとしゃべってしまうということはないでしょうか。

極論すると、ペラペラしゃべってもいい。


相手ファーストであることが大前提なのです。

その上で、ダラダラと話さず、相手とのコミュニケーションが成立したと思ったあたりでパッと引き上げ、渾身《こんしん》の一言に言葉を凝縮できれば最高です。


その一言は、ユーモアにあふれているのかもしれない。

その一言は、哀愁を感じるのかもしれない。

その一言は、励ましやエールが潜んでいるのかもしれない。

そのときどきで使う一言は変わるでしょうが、渾身の一言は、必ず相手に伝わります。僕はそう信じています。

一点突破の凝縮ワードは、人の心に刺さる。響く。

自分のことばかりダラダラしゃべるのは、もうやめだ！

そんなことは、読者の方は百も承知ですね。

でも、もっともっと相手の思いに寄り添い、自分の真意を渾身の一言に凝縮して伝えていくことならできると思っています。

たとえば悪いですけど、覚せい剤で捕まった人が一番共感できるのは、実際に覚せい剤をやっていて更生した人の話だと言いますよね。

僕の言う凝縮ワードはそれなのです。

さんざんしゃべり過ぎて反省を繰り返してきました。そんな僕が言うのですから、反面教師にはしていただけるのではないかと思っています。

視聴者により分かりやすく、より面白く伝える言葉はないか、考え続けた40年超でした。

若かりし頃は、山手線に乗って何周もして、流れる風景を眺めながら脳内実況中継をしてトレーニングしました。

窓の外にある住宅街や新緑、道ゆく人などについてどんな言葉をチョイスしたら一番響くのか、伝わるのかいつも考えていました。

言葉を煮詰め続けた僕だからこそ、本書の「凝縮ワード」は、読者の会話の中でもすぐに使えるものになったのではないかと思います。

本書は、そんな僕なりの会話術の集大成なのです。

目次

CHAPTER
03 言いにくいことをスルッと伝える

CHAPTER 04
会話が不思議と盛り上がる

CHAPTER 05 気持ちにそっと寄り添う

CHAPTER

01

ぐっと相手を ひきつける

CASE 01

“すり抜け力”

自信がないことは、断定しない

「このVR、

控えめに言って、

最高です！」

NG WORD

ウケますね!

（上から目線）

断定しないというテクニック

「控えめに言って」は、ここ数年で一気に市民権を得た言い回しですよね。

自分が一歩下がることで、相手を一段上げる。

その上で、「最高です」と続けるため、最低限度の表現が「最高」になり、最高では言い尽くせない、**「最高の中でも最上級」**という、説明するとなんともややこしい表現になります。

でも、このややこしさの中にこそ、「私なんかが言うのもなんですが」という謙遜と、「最&高です!」ばりの手放しの賞讃が凝縮されているのです。

もちろん、相手を褒めたい「ここぞ!」というときに使っていただきたい凝縮ワードですが、実はこの短いフレーズの中には、もう一つ深い意味があります。

それは、「控えめに言って」と先回りしているということ。

「最高!」と言い切る自信がないから、「控えめに言って」という鎧をつけてガチガチに身を守っているのです。

たとえば、「この映画は最高です!」と言い切ってしまった場合、もしかしたら、「映画のことをそんなに知ってるわけ?」

「何をもってして最高なの？」

などとあとからツッコまれるかもしれません。

そんなときに便利なのが「控えめに言って」というパワーワード。

「もし、最高じゃなかったとしても、あとからいろいろ言わないでね。**控えめに言ったに過ぎない**んだから」

これは、「曖昧にする」というテクニックに通じるものがあります。最近流行りの**「かも」**も同じ意味合いです。たとえば、

「ここのココナッツミルクのカレー、おいしいんだよ。どう？」

と言われて一口食べたものの、ココナッツミルクのカレーなんてほとんど食べたことがないし、おいしいかなんてよく分からない……。でも、「分からない」なんて言ったら、「そんなことも決められないのか」と思われそう。「逃げやがって」とか思われるのもイヤだな。「フツー」って言うのもなんだし……。

そんなときは**「おいしいかも～」**です。

〝かも〟で霞《かすみ》をかければ、防御《ぼうぎょ》できます。

「確かに今日はココナッツミルクのカレーがおいしいって言ったけど、明日、チキンバターマサラのカレーに鞍替《くらが》えしても文句は言わないで。だから、おいしい〝かも〟にしたんだから」

「これ好きかも〜」「あ、似合うかも〜」「カルガモかも〜」

なぜ、そうやって防御のフレーズを身につけておかなければいけないのか。

現代の情報化社会は、常に二者択一を迫られがちです。

好きか嫌いか。おいしいかまずいか。正しいか間違っているか。

そうした選択肢をつきつけられたときに、とっさの**〝すり抜けフレーズ〟**をストックしておくと安心です。

言い切らない、といえば、ニュースを伝えるときもそうでした。

「犯行に使われた凶器はバールの〝ようなもの〟とみられています。同居していた25歳の男性が、事情を知っているとみて、警察で事情を聴いているものとみられています」

なぜ「バールです」と言い切らないのか。

なぜ「○○とみられています」と何重にも防御するのか。

答えは簡単です。

バールではなく、鈍器だったときに誤報になるからです。

言い切らない。断定しない。それが、盾になるのです。

「おいしい〝かも〟」の本質

余談ですが……すいません、僕は余談が多いのですが、「おいしい」と言い切れない気持ちは分かります。

同じレストランで同じメニューを食べても、誰と行くかによって味が違うと感じることってありますよね。

苦手な上司と行けば10止まりだったおいしさが、好きな人と行けば20にも30にも膨らむ。**大手企業のデータ改ざん、粉飾決算のごとく**私たちの記憶は改ざんされまくっているものです。

「おいしい」は環境にも大きく左右されます。

たとえば、気の置けない仲間と緑いっぱいの渓流に出かけたとき。

ヤマメを釣って豚汁を作ったとき、いくつかの調味料を忘れて締まりのない味になったとしても、自然の中でマイナスイオンも吸い込んでいるせいか、「おいしい」と感じます。

残った豚汁をタッパーに入れて、後日家でチンして食べたら、絶対おいしくないですよ。

つまり、「おいしい」は、信用できない。
ゆえに、断定したら大変なことになる。

誰もがその事実を体感として知っているからおいそれと「おいしい」なんて断定できない。だから、「おいしい〝かも〟」にしておけば間違いありません。

「優しい強迫《きょうはく》」には「優しい返し」を

今は効率化の時代です。

渓流へヤマメを釣りに行こうとすれば、2日がかり。そんなのかったるいですよ。だから、「おいしいものを食べに行こう」と銀座あたりの高級なお店で済ませる。おいしくいただく努力の簡略化。

人生のレトルト化です。

これは、ブランド品を見ても明白です。

自分に本当に似合うバッグを探していたら何年もかかってしまうから、エルメスのケリーを買って、「自分へのご褒美〝かも〟」と言うのです。

エルメスのケリーなら迷わないで思考停止できる。それを人は、「ブランド」と呼ぶのです。

贈答用のお菓子もそうです。忙しい現代で、一人ひとりに合うお菓子をいちいち探している時間はありませんから、ブランドの出番。

たとえば、「空也《くうや》（銀座の大人気店）の最中《もなか》です」と低姿勢で渡しつつ、

「空也の最中だよ。みんながおいしいって言うブランドだよ。分かっているよね？」

と**「優しい強迫」**をしているのです。

誤解のないように言っておきますけど、僕は空也の最中は好きですよ。

一口サイズで食べやすいから、「控えめな甘さがいい**〝かも〟**」と言いながら、ペロリと2個ぐらい食べてしまいます。

ただ、よくよく考えたら、僕はどれだけ最中が好きなのか？「優しい強迫」に負けて、僕も自分を騙《だま》しているのかもしれません。

でも、そんなところで反旗を翻《ひるがえ》す勇気はないから、今日も「おいしいものを食べに行こう」と馴染みのレストランに出かけ、「この料理、おいしい〝かも〟」と言って**「控えめに言って、最高です」**とシェフに声をかけ、相手から渡される空也の最中をありがたく頂戴しているのです。

言葉をより相手に響かせるには？

「控えめに言って」は、決して悪者ではありません。

使い方によっては、最高に相手に響くからです。

たとえば、つき合っている人に、

「控えめに言って、好きです」

と言われたら、かなりグッときませんか。

このとき、より相手に響くコツは、言い方に強弱をつけることです。

普通なら、一番強調したいのは「好きです」なので、「好き」を強めに言おうと思いますよね？

でも、ここは、「外しの美学」を使います。

「控えめに言って」の方にアクセントを置いて、「好きです」は、あえて小さめに言ってみてください。

『その時歴史が動いた』『下町ロケット』など数々の素晴らしいナレーションが記憶に残る元ＮＨＫの松平定知アナウンサーは、「外しの美学」の達人です。

『控えめに言って、あなたのことが好きです』とヨシエに向かって言ったイチロウは、あまりの照れくささに踵《きびす》を返した」

という一文があるとしたら、多くのアナウンサーは、最も伝えたい「好きです」を強調します。

聞いている方も、オーソドックスだから安心感はあります。

でも、松平さんの「外しの美学」を使うと、強調すべき箇所はここになります。

『控えめに言って、あなたのことが好きです』とヨシエに向かって言ったイチロウは、あまりの照れくささに**踵を返した」**

本来、控えめに言えばいいところをあえて強調するのです。すると、聞いている側が「自発的に聞こう」と**自らの補聴器をオンにする。**

「え？　控えめに言って？　踵を返した？　ここ、強調するところじゃないよね？」と、前後を漏らさず聞こうという意志が働くのです。

これが、僕の思う「引き寄せの法則」です。

何も願いごとをして叶えたりするだけが、「引き寄せの法則」じゃない。
ですから、ここぞという場面で「控えめに言って、好きです」を使うときは、「控えめに言って」を強めに言ってみてください。

POINT

「控えめに言って」は控えめには言わない

CASE 02

“肯定ツッコミ力”

密かに思う「すごい俺」を最大限に賞賛

上司

「いやぁ、昨日朝の5時まで
新橋で飲んじゃってさ」

部下

「すごいですね、**四捨五入すれば、**
もう新橋に住んでるのと同じですよ!」

NG WORD

やばいっすね／へ〜、大丈夫ですか？

「やばい」の裏にある「すごい」を汲《く》み取れるか？

相手が発した言葉をそのまま鵜呑《うの》みにせず、言葉の裏にある気持ちを推測《すいそく》して切り返す。それが、**肯定ツッコミ**です。

「俺さあ、実は新橋で朝の5時まで飲んじゃって」

と言われたとき、さあ、あなたならどうリアクションしますか？

未だにテレビ業界では、

「昨日も徹夜で5時まで編集して寝てなくて」

と寝てない自慢をする人はいますが、周囲を見回してみると、仕事のためなら徹夜も辞さない『働きマン』というドラマが支持されたのは、干支1周以上も前のこと。

今は、働き方改革の影響もあるのでしょう、『わたし、定時で帰ります。』というドラマが話題になるなど、働くスタイルは大きく変わりました。

「昔の常識は、今の非常識」と言わんばかりに、お酒も飲まず、定時に帰る若者が多い中、「俺さあ、実は新橋で朝の5時まで飲んじゃって」と声高に言う人は、時代と逆行することをものともしない豪傑《ごうけつ》な感じがしますよね。

これに対し、「それ四捨五入すれば、新橋に住んでるのと同じですよ」と返すのは、いわば**肯定ツッコミ。**

朝まで飲んでいた人は、「仕事に支障が出ちゃうよね」という感じを滲《にじ》ませながらも、その裏には「こんな時代でも、こんなふうに飲めちゃう**自分ってちょっとすごい**よね」という自己肯定が潜んでいます。

だって、本当にカッコ悪いことをしたと思っていたら、わざわざ言いませんからね。「昔、やんちゃやってて」と言う人と同じです。どんなやんちゃしてたのかよくよく聞いてみると「高校のとき早弁してた」だけだったり。

同じように、朝の5時まで飲んじゃう俺も、いわば〝自慢したい〟ワル。

ここで相手の発した言葉の表層に囚われると、「え？　5時まで飲んじゃったの？　今日はほとんど寝ないで仕事しなくちゃいけないじゃん。やばいよね」と普通に返すと思います。

これは、NGワードにはなっていますが、「相手に共感している」という意味では「あり」です。発言した相手が「やばいなあ」と思っているのは事実ですから、「やばいよね」でいったん肯定するのです。でも、相手の真意を汲み取れば、さらにもう一歩踏み込むことができます。

それが、**「相手が密かに思う〝すごい自分〟を最大限に賞賛し、肯定する」**こと。

すなわち、それが、「それ四捨五入すれば、新橋に住んでるのと同じ」という答え方です。

「四なら切り捨て、五なら切り上げ」が四捨五入ですが、そうやって〝ざっくり〟くくれば、先輩に多少踏み込んだツッコミを入れても失礼な印象になりません。

「ほぼ」ではなく、「四捨五入」という「カタイ」ワードを使うことで、「真面目に検討してみた」という先輩への配慮も感じ取れますし、その上で、

「5時まで飲んだあなたって、やるね。でも、どうにかなっちゃうからやっぱりすごいよね。あなたにとっては、四捨五入すれば新橋の飲み屋に帰宅したみたいなものなんだから、むしろ充電完了ですよね」

というニュアンスも出せる。

実は、「やばい」の裏にある「すごい」を伝えているツッコミなのです。

POINT
四捨五入でざっくり括《くく》ってツッコむ

CASE 03

“オブラート力”

“ユーモアにくるむ”という大人の対応を

「あ。
再放送だと思って
聞いちゃった」

NG WORD

その話、この間も聞きましたよ

「また、その話？」と思ったときの必殺技

人と話をしていて、「また、その話……？」といういぶかしい表情をされたとき「あれ？　前も同じ話しちゃったかな」と不安になる瞬間ってありますよね。これは、年齢を重ねると確実に増えていきます。

前に言ったか、言っていないか、よく覚えていないんですよ。もちろん僕もそうで、よくよく考えてみれば、どこかで話をした情景は思い出せるけど、誰に言ったのかまで覚えていないことが多いんです。

その逆も、然《しか》り。

相手の話を聞いていて、「その話、この間も聞いたな」とか「またあの話か。面倒くさいな」と、つい思ってしまうこともあります。

そんなとき、ストレートに「その話、この間も聞きましたよ？」なんて言えます？

僕は、言えません。悪気のない相手に対して、ちょっとキツ過ぎないか？　と思っちゃうんです。

こんなときは、こんなフレーズはどうでしょう？

「あれ？　その話、再放送？」

ユーモアを交えながら「この間も聞いたよ」とオブラートに包む意味では柔らかい印象を与えていいと思うのですが、人によっては、「そのチャラい言い方が余計に傷ついた」と神経を逆なでしてしまう危険も秘めています。

言う相手はくれぐれも慎重に。でもこんなふうに、ユーモアを交え、ちょっとずらしたフレーズがお互いの気まずさをカバーしてくれるのは事実です。まさに「オブラート力」と言っていいでしょう。もしくは、こんな方法もあります。

初めて聞いたフリで貫き通す

「また、あの話か」と思ったとき、ストレートに「その話、この間も聞きましたよ?」と言うのではなく、「あれ？　その話、再放送かもしれません」ととぼけるのでもなく、**初めて聞いたフリを貫き通す**ことです。

たとえば、仕事の打ち合わせで、前回と同じ話をされたとき。

本当に面白い話だったら、２回目に聞いても「面白い」と思えますよね？　新鮮さは薄れるけど。

だから、**〝一時的健忘症〟**になって、初めて聞いたときと同じように「面白いねえ」と言えばいいんです。

相手は当然、前回の「面白いねえ」と言ったこちらのリアクションごと忘れているはずですから、バレません。

万が一、相手が途中で、「あれ？　この話、もしかして前にもしましたよね……？」と気づいてしまったら、そのときこそ、こう言うんです。

「あ。再放送だと思って聞いちゃった」

知っていたけどとぼけたっていうのは相手を傷つけますが、「知っていたけど、再放送として楽しもうと思った」なら、丸く収まる。

上手くオブラートに包んだ状態に少しは近づくのではないでしょうか。

カタカナは、ファンタジーに転換できる

オブラートに包む、といえば**「あえてカタカナを使う」**と婉曲《えんきょく》なイメージを演出できます。

たとえば、泣いている人に声をかけるとき。

「泣いちゃいなよ」

と言うのも悪くはないですが、ただでさえ相手は不安定なので、もう少しオブラートに包んで、

「涙は心のメイク落としだからね」

と言うのはどうでしょう。

誰しも、心は厚化粧をしています。厚化粧をした上で様々な人と関わって、日々、私という自分を演じています。すっぴんで本音のままぶつかったら無防備で怖過ぎますからね。その厚化粧がはがれるのは、泣きたいとき。

でも、「涙は心の厚化粧を落とすからね」とそのまま言ってしまうと重苦しい感じが助長されますが、「涙は心のメイク落としだからね」と言えば、まったく同じことを言っているのに、**なぜかマイルドな印象を与えます。**

〝カタカナマジック〟は、ここにあります。

「昨日、エッチしちゃった」

って言うと軽い感じだけど、

「昨日、まぐわったんですよ」

だと、途端に重くて淫靡《いんび》な感じになりますよね。

「チュウしちゃった」なら軽いけど、「接吻したよ」だとかなりいやらしい。
「公的な意見を募ります」では、堅苦しい印象を与えるけど、「パブリックコメントを求めます」なら、なんか軽い。
「パブコメ」と略せば、さらに軽くなります。

オブラートに包んだライトな言い方は、それだけでリアリティが消えて、ファンタジーが立ち上る。プロジェクションマッピングさながらのメリットがあるというわけです。

浅い傷なら、つけていこう

オブラートに包んだ物言いは、他人を不用意に傷つけたくないと思う人間性の表れだと思います。

でもこれは、見方を変えれば、相手をおもんぱかっているようで、実は、自分が傷つきたくない表れとも言えるのです。

自分が傷つくことを怖れるあまり、相手に過剰に気を遣ってしまうのです。僕もそうです。

自戒を込めて言いますが、

「浅い傷なら受けて立つ。ちょっとした傷ぐらい、いくらついても構わない」

ぐらいに開き直っていたいものです。

深く傷ついて痛手を負うほどになれとは言いません。でも、多少の傷ならついた方が強くなれるし、免疫力も高まるし、白血球も増えるし。

レイモンド・チャンドラーが生んだハードボイルド小説の探偵フィリップ・マーロウは、このような名ゼリフを残しています。

「強くなければ生きていけない。優しくなければ生きている資格がない」

〝浅い傷だらけ〟ぐらいが、人の痛みが分かり、優しくなれます。

でも今は、浅い傷すら悪とされ、「お互い傷つくのはやめましょう」という暗黙の了解が横行しています。

小籠包は、皮が厚いとおいしくないです。やや薄めの皮を歯で傷つけ、中のスープがビャッと飛び出して口の中を火傷するくらいがおいしいのです。傷つけず、防御ばかりする人生って、おいしくない。面白くないです。

その方向から考えると、もしかしたら、相手が「また同じ話をしている」と思ったその瞬間、間髪を入れずにに、「その話、再放送だよ！」とツッコミを入れてもいいのかもしれませんね。相手を浅く傷つけるかもしれないけど。
もしも、相手があからさまに傷ついたなと思ったら？　そのときは、

「ちょっとコマーシャル」

と言って、行きたくなくてもトイレに行ってお互いにいったん休憩を挟みましょう。

POINT
ユーモアでずらす。カタカナで軽くする

CASE 04

“逆ばり力”

相手の予想とは真逆の答え方をする

上司

「キミ、モテるでしょう?」

部下

「モテますよ、荷物だけは☆」

NG WORD いやいやモテませんよ

相手の予測を覆《くつがえ》す〝逆ばり〟とは？

みなさんは、

「モテますよね？」

と言われたら、なんて答えますか？


たぶん、そんなにモテない人も一度ぐらい言われたことがあると思うんですよ。

雑談の延長で、何かのニュースをきっかけに。

たとえば、ハゲはモテるかモテないかみたいな話をきっかけに、

「○○さんは、モテるんじゃないですか？」

と言われたとき。言った側は、完全に社交辞令。

コミュニケーションの第一段階、挨拶代わりの軽いノリで言っている人もいますからね。

このとき、ほとんどの人が、

「いやいや、モテませんよ～」

「そんなことないですよ～」

と謙虚に答えて、濁《にご》すあたりが常道《じょうどう》ですよね。
僕もたぶん、「いやいや〜」って普通に言っていると思います。
そんなときはこんな返しはどうでしょう？

「モテ（持て）ますよ。荷物だけは」

ただし、オヤジギャグとみなされて、ドン引きされる恐れもあることを心しておいてください。そんなときは〝さらに重ねる〟のです。

「モテ（持て）ますよ。ダンベルだけは」

ちなみに、この「モテますよ」だけでも、充分に場を盛り上げることができます。

いわゆる〝逆ばり〟です。

相手は、「いやいや、モテませんよ〜」と謙遜《けんそん》した返事がくることまで予想していて、実際、その通り言われたら「つまらないヤツ」と思うわけです。
ならば、逆を言っちゃえばいい。

「モテますよね？」

「ええ。モテますよ」

相手の意表をついたあと、たとえば、

「聞いてくれたから調子に乗って言っちゃいますけどね、僕は、自分ではモテると思っているんですよ」

と続ければ、実際にモテているのではなく、モテると思い込んでいるニュアンスが出ます。

モテているのではなく、

「モテていると思い込んでいる痛い自分」

を演出するのです。つまり自虐。

自虐を含むと、嫌味に聞こえません。

あるいは、あえて常道に答える方法もあります。

「モテますよね？」

「いやいや、モテませんよ」

フツーに返したあと、自分がこれまでの人生で**いかにモテなかったかのエピ**

ソードトークを繰り広げる手もあります。

こちらも自虐で攻めます。

「モテない僕の気持ち分かります？　小学校低学年まで遡《さかのぼ》りますけどね、当時、東京の下町でもほのかにバレンタインが流行し始めたんです。

バレンタイン当日、そわそわした気持ちで学校に出かけ、授業が終わって帰ろうとして下駄箱から靴を取ろうとしたときです。

フタがわずかに浮いている。『なんか、入っている！』とドキドキしてフタを開けたら、中からチョコレートの紙包みが10個ぐらい落ちてきました。

わ！　と思った瞬間に分かりました。中身が入っていないのです。

なんのことはない、隣の下駄箱のモテ男がチョコを10個もらって、中身だけ持って帰って、紙包みだけ僕の下駄箱に当てつけかのごとく押し込んでいたんです……」

僕の場合は、「ペラペラしゃべるブランド」と思われているから、こんなふうに長々としゃべりますが、いずれにしても、**自虐ネタをかませるというのは、自分から先に心を開くという意味でも有効**だと思います。

相手とコミュニケーションを取りたいときは、まず、自分から心を開くことが鉄則ですから。

POINT

モテますよ、を自虐に変える

CASE 05

“オンリーユー力”

「あなた」ただ一人に向かって話す

「ところで、
あなたは、どう思います？」

NG WORD みなさんは

「あなた」一人に向かって問いかける

みなさん――。

プレゼンの場だけでなく、ブログやＦａｃｅｂｏｏｋなど個人が情報発信するツールでも、

「みなさんは、どう思いますか？」

「みなさんは、分かりますか？」

などと呼びかける人がいますが、僕は、**これは極力使うべきではない**と思っています。

でも、それに気づくまでずいぶんと時間がかかりました。

局アナ時代は、「カメラの向こうで何百万人もの視聴者が観ているんだから」と叩き込まれましたから、「みなさん」という語りかけをするのは当然のことだと思っていました。

それはこんなときに顕著《けんちょ》に出ます。

リポーターとして、ある俳優さんと山道でロケをしたことがありました。

野草を見つけます。俳優さんは、カメラが回っていないかのように演技するの

に慣れていますから、

「こんなところに野草があるんだね。ドクダミ？　違うかな……」

と言いながら、たとえカメラが背後にいようが、そんなことは無視してしゃべり続けます。

もちろんその番組は多くの人が視聴していますが、俳優さんはまるで一人つぶやくように、もしくはたった一人に語りかけるように話します。するとカメラマンは、その景色を撮ろうと俳優さんの前に回り込む。それで成り立っていました。

一方、僕はどうするかというと、野草を手にしてカメラを振り返り、

「ちょっとカメラさん、寄ってください。**みなさま、ご覧ください。ほら！**　こんなところに野草がありましたよ」

と言っていたのです。

『報道ステーション』のニュースキャスターを務めていたときも、２０１０年頃までは、気にも留めずに「みなさん」を連呼していました。


「みなさん」は、〝におい消し〟になる意味でも便利な言葉です。


たとえば、何か「言い過ぎちゃったな」と思ったとき、

「ごめんなさい。人それぞれですよね。みなさんは、どうお考えでしょうか」

と言うと、直前の自分の言葉が消されるという、**テトラポットのような役割**を果たしてくれるのです。

でも、あるとき気づいたのです。

たくさんの方が、おのおのテレビを観てくれていますが、観ているのは「あなた」しかいないのだと。みなさんではない、あなたたちでもない、**「あなた」ただ一人に向かって語りかけなければいけない**のだと反省しました。

なぜ、「あなた」に語りかけなければいけないのか。

その方が確実に「みんな」に伝わるからです。

「一点突破」は、「全面展開」を生む！

ソロボーカリストを見てください。バラードを歌うときは、大勢の観客の中である一人だけを見て、語りかけるように歌っています。観客は曲の間だけ、その人を好きになって疑似恋愛をします。

これは、昔も今もそう。流行り廃りがない、ボーカリストがファンを虜《とりこ》にさせる王道の方法です。こうすることで、何が起きるか。

共鳴現象のようなもので、中央の一人に向かってその人の目を見て歌っていても、右端の人も左端の人も、「私に向かって歌ってくれている」と錯覚するのです。「私の目も見てほしい！」と思いながら、右端の人は首を左に、左端の人は首を右に向け、ステージ上のボーカリストを凝視し、全員の視線がボーカリストに寄っていく。そして、「やっぱり、私に向かって歌っている！」という幻想を抱く。

これを僕は、**「一点突破全面展開」**と呼んでいます。

しゃべりもそうで、ラジオのパーソナリティの話を聞いているとよく分かりますが、深夜放送などで「みなさん、こんばんは」ではなく、

「今、水戸街道を走っているあなた。聞いていますか？」

と言う方が相手に響くのです。

こういうとき、「俺は日光街道を走ってるんだよ！」というクレームはまずきません。水戸街道というピンポイントに焦点を絞ることで、日光街道を走っているドライバーも、甲州街道を走っているドライバーも「自分のことかな」とドキッとする。

それどころか、家で仕事をしていた人も、どこも走っていないのに、「あなた」への語りかけにドキッとするのです。

プレゼンの場などでは、部長にも平社員にも同等に、万遍なく気遣う意味で「みなさん」という言い方が適切なときもあると思います。

しかし、その場合でも、ここぞというとき、たとえば、冒頭や最後の締めのとき、または、プレゼンが成功するかどうかのカギになる説明のシーンでは、ただ一人に向かって語りかけ、

「あなたに向かって言っているんですよ」

という姿勢を見せるのが効果的です。

POINT

多くの人に伝えたいなら、たった一人に伝えること

COLUMN 01

じじいたれ！

僕はご存じの通りおじさんです。最近のおじさんはますます肩身がせまくなってきたと思いませんか？

会社の中で立場が上になるにつれ、部下もたくさんできるので若者に合わせようとする心理が働き、つい迎合しようと思ってしまう。迎合したらしたで「痛い」と言われたり。

たとえばカラオケ。ある意味、おじさんが試される場です。若者に迎合しているのか、我が道を貫いているのか問われる場だからです。

よく見かけるのが、3年前に若者にヒットした歌を歌うこと。3年前でも5年前でもいいんですが、とにかく、少し前にブームを巻き起こした曲を歌って、「かわいい」を演出するわけですが、ウケ狙いで歌ったとしても、あまりウケません。あざとさのようなものが潜んでいるからです。

その点、女性は開き直っていて爽快ですよ。僕は、加賀まりこさんと浅丘ルリ子さんと三人でご飯を食べて、そのあとカラオケに行くことがあるんですね。

前回、加賀まりこさんが歌ったのは、石川さゆり『飢餓海峡』。浅丘ルリ子さんが歌ったのが、三波春夫の『大利根無情』と、帰る間際に最後の1曲で選曲したのが、二葉百合子の『岸壁の母』。「ああ。歌いたい歌を歌うって、なんて健全なのだろう」と思いました。

二人は一世を風靡した立派な女優さんだからマイペースでいられるのかもしれませんが、とにかく僕が言いたいのは、おじさんは、媚びたことはせずに、我が道を行けばいい、ということ。

開き直ったおじさんがどれだけ強いか。梅沢富美男さんを見てください。梅沢さんは、じじい力100%丸出しです。「俺は、おじさんの塊だ！　何が悪い。文句あっか。今までそうやって生きてきたんだよ！」とあれだけ軽やかに豪快に言われたら、こちらがもうギブアップするし、不思議なことになぜかおじさん臭く見えなくなってくるんです。「じじいでどこが悪いんだ。ばばあなわけねぇだろ」。このぐらい〝おじさんの塊〟を出されたら、降参するしかありません。

もう一人、じじい力100%なのが、毒蝮三太夫さん。「ばばあ！」と毒舌を吐いても支持されています。

一昨年、蝮さんのラジオに出してもらったとき、すごいなと思ったのは、「ばばあ、そうやって俺の前でペラペラしゃべっているけどね、あんた、自分が死んでいることに気づいていないいだけだから ね」と言っていたこと。「棺桶に片足突っ込んでいる」という表現は聞いたことありますが、「死んでいることに気づいていない」はさすがに初耳です。でもその1分後ぐらいに、「ばあちゃん、俺、さっき変なこと言っちゃったけど、変なこと言っちゃうとそのあと元気になるだろ」と、毒舌を吐いたおばあさんに向かって手厚いフォローをしていたのです。

蝮さんとは、フジテレビの番組で半日ほど収録をご一緒したこともあります。その帰り、スタッフが僕と蝮さんのタクシーを呼んでくれたんです。もちろん、先輩の蝮さんに先にタクシーに乗ってもらい、「ありがとうございます」とお礼をしたら、「悪いな。じゃあ、先に帰るよ。古舘くん、スタッフのみんなもありがとうな」と言って、車に乗り込みました。

そして、運転手さんがタクシーの自動ドアをまさに閉めようとしたそのときに、再びドアが開いたのです。

足が悪いのに、半身乗り出して、僕を無視してスタッフに向かって小さい声で一言、こう言ったのです。

「ごめんもう一言だけ～。テレビに必要なヤツだから、古舘くんを頼むよ」

そう言い残すとすぐに自動ドアがバタンと閉まり、蝮さんを乗せたタクシーは去っていきました。正直、僕は泣きそうになりました。

そんなふうに言ってくれた蝮さんの恩を僕は一生忘れません。こんなことができるなんて、ベテランの極みです。

じじい100%のおじさんが極まると、発する一言一言が人の胸を打つのです。

だから僕は言いたい。

「じじいたれ！」と。

CHAPTER 02

とっさに上手に切り返す

CASE 06

“ずらす力”

第三者の意見かのような感想を述べる

友人

「初体験はいつ？」

自分

「その下ネタ……好きな人には、
たまらないでしょうねぇ」

NG WORD ……（何も言えない）

「どうにもコメントできない！」そんなときは？

答えに窮《きゅう》するような質問や、何かしらの感想を求められたとき。「いいね」「おいしいね」「素敵だね」と肯定的に思えないとき。あなたは、どんな答え方をするのがいいと思いますか。

『くいしん坊！ 万才』の初代レポーターは、名優の故・渡辺文雄さんが務めていました。1日にまとめて5日分撮ることもあるそうで、最終日分を収録するときにはお腹がいっぱいになります。

たとえば、漁師町に行って5日分収録するとき、体調次第では「魚が生臭いな」と感じることもあるわけです。

船乗りの諺《ことわざ》に、「板子《いたご》一枚下は地獄」があります。

のんびり海に浮かんでいるように見える船も、底にある一枚の板を外してしまえば沈みます。台風がきて転覆したら乗組員は死んでしまう。

常に危険と隣り合わせであることをたとえたものですが、それを乗り越えて、ようやく母なる港に戻った漁師さんがとってきた魚を「生臭い」「まずい」なんて仮に思っていても絶対に言えません。

かといって、「おいしい」とも言えない。ウソになるから。

そこで渡辺さんがひねり出したのが、一口、二口、三口と食べて、間を置いて、おいしいのか、まずいのか無表情の果てに、こう言うのです。

「いやぁ〜。好きな人にはたまらんでしょうなぁ」

このとき、**「いやぁ〜」というどうでもいい方を強めに言います。**

32ページでお伝えした松平定知アナウンサーの「外しの美学」、あれを使うんですね。聞く側は、「いやぁ〜？　って、おいしいの？　まずいの？　どっち？」と思いますよね。そこで引き寄せておいて、「好きな人にはたまらんでしょうなぁ」とトーンを落として言う。

これ、「私の答えは保留します」ってことですよね。

僕の勝手な憶測ですが、「おいしいのか、まずいのか言いなさいよ」という視聴者の期待があり、漁師さんが取り囲んで感想を待っている。それに反して、自分の好みを一切言わないというのは、漁師さんへの敬意の表れだと思うのです。

自分がおいしいか、まずいか明言を避けた時点で、**「私は、ここにいません」と表明している。**そして、おいしさの可能性にのみ焦点をあてたのです。

主語ずらしは、ごまかしがきく

「私は、ここにいません」を表明するのは、いわば、**「主語ずらし」**です。

これを僕は『千の風になって』話法と呼んでいます。

僕よりも先輩の方々は、常道の実況、冷静沈着な実況をしろと言われていました。テレビは視覚がメインだから、それは見ていれば分かるから、「ご覧の通りです」と謙虚な実況をしろと言われていたんですね。自分を出さない、自分を消すことが求められてきました。

僕が感動したのが、日本テレビの先輩アナウンサーです。

ずいぶん昔のことですが、夕暮れ時にサッカー中継をしていて、「ここ国立競技場から、ごきげんよう。さようなら」と真面目に言って終えたのです。「ごきげんよう。さようなら」は古いイメージがあると思いますが、当時は、このフレーズがスポーツ中継の締めの王道でした。

すると、終えたはずが、実は〝2分間早く締めちゃった〟ことが判明しました。スタッフが、ストップウォッチをはかり間違えていたのです。

2分も余っている。どうしよう?

するとケロッとして、5秒間ぐらい時間をあけたあと、ケロッとしてこう言ったのです。

「再び、国立競技場です」

続けてこう言いました。

「まだ試合の余韻冷めやらぬ、ここ国立競技場。スタンドは多くの方々が信濃町、あるいは千駄ヶ谷方面に流れて行かれるのでしょうか。戦い済んで日が暮れて、なんとも言えない風情がここに漂っております。解説の○○さん、すごい試合でしたね」

と2分間つないで、またこう言うのです。

「ここ国立競技場から、ごきげんよう。さようなら」

テレビを観ていた人は、「え？　さっきも、さようならって言ったよね？」と思うかもしれませんが、そんなの関係ありません。

しれっと再登場して、何ごともなかったように解説して、何食わぬ顔で去っていく。まるでさっきとは別人が話しているように……自分を消す。

まさに「私はここにいません」。

人間、苦しいときは自分をなくしていい。

先ほどの渡辺文雄さんにしても、この先輩アナウンサーにしても、彼らを見ていて僕はそういう教訓を勝手に得ました。

「独特ですね」は間で勝負

この「主語ずらし」ですが、普段の生活でも私たちはわりとよく使っています。たとえば、感想を求められて肯定できないとき、「主語ずらし」を使うと上手くその場を切り抜けられることがあります。

先日、僕は、知り合い夫婦の住む新築の家に遊びに行きました。なかなかの豪邸で、玄関の観音開きの重厚な扉を開けると、すーっと気が通るような感じがするんですよ。今、思えば、群馬県館林市で、風が強くてすごい寒い日だったから、単に風が入ってきただけなんですけど。

立派な家なので、『渡辺篤史の建もの探訪』並みに褒めちぎりながら部屋を見て行ったら、一か所、内装の一部で個人的には、「あまり好きじゃないな」と思うところがあったんです。

すると、まさにその箇所について、「ここはどう？」と聞かれたのです。

インテリアデザイナーでもない自分が「良くないね」と言うのは身勝手な気がしたし、かといって、「良いね」は、良いと思っていないから言えない。

そこで僕が言ったのは、

「二人のうちどっちかは、かなり気に入ったんでしょう？」


これも完全な「主語ずらし」で、僕は自分が良いと思っているのか、悪いと思っているのかは一切言っていません。でも、たぶん、言わない時点で、「あまり良いと思っていない」ことは伝わっています。

すると旦那さんの方が、「結構派手だと思わない？」とさらにツッコむので、「うーん」と一呼吸置いたあと、**「それは人によるよね」**で逃げました。

これは僕の推測ですが、おそらく夫婦も、深層心理ではあんまり気に入っていないから、第三者にそれを証明してもらいたい。

もっと言えば「罵倒《ばとう》してもらいたい」といういやらしさを含んでいるんですよ。

そうときたら、こちらも含み返しです。

「好きじゃない」というニュアンスは打ち出して良いと思うんです。

でも、「良くない」ってはっきり言うのは角が立つから、「どっちかは、かなり気に入ったんでしょう?」「人によるよね」と、二重、三重に逃げればいいと思います。

こういうときの逃げ方で、「独特ですね」もありです。

「独特ですね」を使う場合は、相手から、「どう思う?」と聞かれたら、**間をおいて、さらに、間をおいて、さらに、〝三間〟ぐらい置いてから、**ゆっくりと見て、ニコッと笑って、

「……独特ですね」

と言えば、必ず誰かが笑います。

POINT
「主語ずらし」で難局を切り抜ける

CASE 07

“言い逃れ力”

ボケながら「俺は悪くない」を示す

「俺が悪いんじゃない。
俺の脳がそう言わせているだけだ」

NG WORD

おまえが悪いんだ!

「俺が悪いんじゃない!」とスマートに足掻《あが》く

言い訳や言い逃れをするときの〝とっさの一言〟は、常識や社会のルールから外れていることが多いゆえに、おかしさを誘います。

若い人は知らないかもしれませんが、石田純一さんが記者に追いかけられてとっさに言った、かの有名な一言、**「不倫は文化」**。

実際には、女性記者に「不倫は許されると思うんですか?」と聞かれ、

「あなたはあなたのお考えがあると思うけど、そういうものが世の中の歴史上にも、いろいろずっとある。そういうことを全否定したら、芸術も全否定になっちゃいますよ」

と答えたことが、「不倫は文化」の一言に集約されて広まりました。言い訳が〝男の金言〟にまで上り詰めた〝殿堂入り〟の言葉です。

ある噺家さんは、浮気が見つかったときこんなふうに言っています。

「これは俺が悪いんじゃない。**宇宙の摂理《せつり》だ」**

宇宙の摂理。とんでもないもののせいにしていますが、人間は宇宙というスケールが出てくると、そこから思考停止になります。アホらしくて周りはけむに巻かれてしまいます。

僕ならば、

「俺の種子島がロケットを打ち上げてしまった」

と言います。

「たかが浮気ごときでどうでもよくない？」

という気持ちにさせますよね。妙な説得力のある言い訳です。

番組で何かを咎《とが》められたり、いじられたりしたとき、こういう切り返しもあります。

「俺が悪いんじゃない。俺の脳がそう言わせているだけだ」

あるいは、昔、貸した金を返せと言ってきた人に対する一言とも似ています。

「5年前に借りた金を返してくれ？　5年前の俺に言ってくれよ」

身体は新陳代謝が進んでとっくに入れ替わっているはずなので、今の自分が借りたのではなく、5年前の自分が借りたんだと逃げるのです。

キセルがバレたときの、とっさの一言とは？

遡ること中学時代、僕にとって忘れられない友達のとっさの一言があります。
友達と改札を出ようとしたら、彼がキセル乗車をしていたんですね。
「何やってんの？　いいの？」と聞いたら、「いいんだよ。大丈夫だよ」と。
よくありません。不正行為なんだから。
案の定、車掌さんがやってきて、友達は慌てて逃げました。
1両先、2両先、3両先、4両先と逃げ続ける。車掌さんは追ってくる。
僕も野次馬根性で面白がって追いかけました。
結局、最後の車両まで行き、友達はあえなく御用。車掌さんに肩をつかまれて、
振り返ったとき、息を切らしながら、

「何かあったんですか？」

爆笑ものでした。あれだけ逃げて、逃げて、つかまって、この一言でしたから。

もちろん、罰金を払っていましたけど、車掌さんも笑っていました。

ストレートな物言いが場をラクにする

「俺の脳が」や「何かあったんですか?」はボケの極地ですが、案外ボケずにストレートに言うことでウケることもあります。

たとえば、僕は時折、ディレクターに、

「古舘さん、僕の友達が結婚するんで、披露宴用にビデオメッセージをくれませんか?」

と頼まれることがあります。

披露宴で流すVTRに何かコメントを……というお願いではありますが、僕はその結婚する人を知らないのです。

知らない人でも、結婚式にふさわしい〝定型〟的なことを言って上手く言い逃れることはいくらでもできます。

でも、こういうときは、それはしません。

ど頭《あたま》にこう言います。

「本日は、ご結婚おめでとうございます。

スピーチを依頼されましたが、**まったく新郎新婦のことは存じ上げません。頼まれ仕事でやっております。完全な社会的儀礼の中でしゃべっております。一切心が入っておりませんが、お許しください」**

ある種の毒舌ですが、ここまで言い切ってしまえば、その後はラクです。どこでボケを繰り出すか、はたまた正直にストレートをお見舞いするか。正解はありませんが、いろんなパターンを知っておくことで、会話はよりいっそう豊かになるのだと思います。

POINT

ボケるか、ストレートに言うか。臨機応変に

CASE 08

“オウム返し反撃力”

相手の言葉をそのまま質問に変換

先生

「キャスター志望なら、
ある程度英語がしゃべれないとダメです」

生徒

「はーい！　キャスターは英語が
しゃべれないと**本当にダメですか？**」

NG WORD

しゃべれない私はダメってことですね

カチンときたら、どう反撃する？

カチン！　とくる一言を相手に言われたとき、どうやって〝反撃〟しますか？

たとえば、「やっぱりキャスターは、ある程度英語がしゃべれないとダメだよね」と言われたら、僕だったらどう思うか。

内心、ちょっと気になるかもしれませんね。

なぜなら、僕は英語が苦手だから。カチンとくるということは、相手の一言が図星な一面があるということです。

もしも英語がペラペラな人が「キャスターはある程度英語がしゃべれないとダメだよね」と言われたら、「そう？」であっさり終わる話なのです。

でも、ムッとしたからといって、

「じゃあ英語が苦手な僕は、キャスター失格ってことですね」

と言い返すのはちょっとおかしい。だって、ある種正しいことを言われているのにキレて開き直るわけですから。

そんなときは、切り返したらいいんですよ。こんなふうに。

「キャスターは英語がしゃべれないと本当にダメですか？」

相手の「やっぱりキャスターは、ある程度英語がしゃべれないとダメだよね」の一言を、そのまま質問に変換して投げ返すのです。

これは、質問という名の自己主張になります。

英語がしゃべれないとダメなんですか？
英語がしゃべれないとキャスターしちゃいけませんか？

と相手に投げかけながら、
「英語がしゃべれないとダメとは言い切れない部分もあると思いませんか？」
と自分の意見をぶつけているのです。
さらに言えば、「確かに僕は英語が苦手ですけど、例外的にキャスターとして認めてくださいね」というニュアンスも含めているのです。

こういうときは、真剣に言う方がいいです。
真剣に言っていることがより伝わるように、**身体性《しんたいせい》を活かします。**

相手を下から見上げるような位置から言うこと。

相手を上から見下ろすようじゃダメ、目線が対等でもダメ、**下から見上げながら真面目に、ちょっと不思議そうに質問します。**

これはいろいろと応用がきくフレーズです。

「あんなにお金かけてパーソナルトレーニングしたのに、また太っちゃったじゃん」

と友達に言われたら、

「パーソナルトレーニングしてまた太っちゃったらダメなの？」

と質問返し。

「今どき、資産運用してないの？　やばくない？」

と言われたら、

「今どき資産運用していないとやばいの？」

と質問返し。

オウム返しの感じでいいんです。真面目に、真剣に切り返す。

これが、質問という名の切り返し力になります。

また太っちゃったのって、しょうがなくない？

資産運用に口出ししてくるあんた何様？

そんな本音は、ストレートな怒りとしてぶつけずに、質問返しの中にさりげなく忍び込ませればいいのです。

自分も、知らずに相手を傷つけている

相手の何気ない一言がグサリと刺さり、ずいぶん経っても忘れられないことはあると思います。

僕は、未だに鮮明に覚えていることがあります。

テレビ朝日を退社し、フリーランスになりたての29歳の頃のことです。当時はフリーランスになったものの、自分が売れるのか、本当に仕事はくるのか不安だらけの毎日でした。

そんなある日の夜、酔っ払って六本木を歩いていたら、偶然、お世話になったプロデューサーとすれ違ったんです。

すると、すれ違いざまに、「おい、古舘」と呼び止められました。

当時は、今よりもはるかに先輩後輩が厳格な〝封建制《ほうけんせい》〟でしたから、「はい」と

直立不動になり、「どうも」と挨拶をしたら、

「おまえな、辞めたよな」

「はい」

「おまえ、応援しているから」

「はい。がんばります」

「本当に応援しているから。じゃあな」

「はい。失礼します」

というやり取りがあったんです。

僕が踵を返して歩き始めた途端、「おい、古舘」とまた呼び止められたんです。

「はい」と振り返ったら、プロデューサーが一言。

「おまえ、絶対1年で潰れるから。楽しみにしてる」

「……」


ナイフのように心に突き刺さった一言でした。

悪意のある一言だと思いました。独立したての一番ナーバスな時期に言われたので、余計に堪《こた》えました。

せめて向こうが酔っていたらそのせいにできたのに、シラフだったんです。

でもこれは、強烈なカンフル剤になりました。


「1年じゃ、絶対に終わるものか!!」と腹の底から思ったのです。

「何がなんでも3年は持たせるぞ」と導火線に火がつきました。


そのときの自分にとってイヤな言葉は、後々どれだけの栄養になるのか、ということもあるのです。


思えば退社する前に、その人に相談して、もう少し連絡を密にしていたら、あんな一言にはならなかったのかもしれない。

向こうからすれば「よくしてやったのに、古舘は不義理をした」と思っていたかもしれません。

こういう話で改めて感じるのは、

「僕も、人を傷つけている」

ということです。

もしかしたら、プロデューサーは僕の言動に傷ついたことがあったのかもしれない。

傷つけたつもりも記憶もないけど、まったく予想外のことで相手を傷つけていることはよくあることです。

自分が気づかぬところで、誰かを言葉で傷つけている。僕みたいに口数が多い人間は、特にその可能性は高いです。

傷つけるつもりが微塵もなくても傷つける。

そのことをよくよく念頭に置いて、言葉に対して謙虚でいなければいけないと思います。

POINT

オウム返しは「自分の意見」になる

CASE 09

“ウソも方便力”

知っていても、知らないフリをする

「え？
何それ？　知らない」

NG WORD

あ、知ってます

初対面の会話に困ったら？

初対面の相手や、さほど親しくない相手と二人でいるとき、会話がない。沈黙が続いて、なんとなく空気が重苦しく感じてきた……。

こんなとき、会話の糸口はどうしますか。

よくあるのが、

「ご出身は？」

「大学はどちらを出ていますか？」

など、相手の〝身辺調査〟のような質問をすること。

これ、ＮＧワードのような扱いを受けることが多いですが、本気で聞きたい質問ならば問題ないんですよ。

相手のことを知りたい、その一端として、「ご出身は？」と聞かれた人が「何この人。あり得ない質問。イヤだ」とは思わないはずです。

じゃあ、なぜ問題なのかというと、

「場つなぎの質問をしているな」

とあからさまに分かるからです。

しゃべらなければ！　という強迫観念から場をつなごうとするわけですが、それは相手にも「興味がないくせに聞いてきた」ということがバレてしまいがち。だから、しらける。

しらけるから、さらにその場のムードはピリッとして、「こんなことなら、がんばって話しかけるんじゃなかった」となってしまうのです。

でも、よく考えてみてください。

この空気が重苦しいのは自分だけじゃない。相手だって自分のことをよく知らないから、気のきいたことは話せない。お互い様なのです。

そんなときは、こんなふうにイメージするのはどうですか？

二人の間に見えない暖炉がある。

あなたがこの場を温める必要はなく、相手がなんとかする必要もない。

ただ、お互いに手をかざせばいい。

できれば、心だけはテーブル席からカウンターに移り、横並びになるのです。そして距離を縮めて、

「初対面って気まずいですよね。こういうときの切り返しの正解ってなんなんですかね」

と素直に言うのです。絶対に歩み寄れます。

初対面が気まずいのはお互い様なのだから、それをストレートに伝えてしまっていいんです。

あえて、知らないフリをする手もある

あと、僕は初対面の話題を盛り上げるために、**「知っているのに、知らないフリをする」**ことがあります。

相手が歩み寄ってきてくれて、

「〇〇って知ってますか？　古舘さん物知りだから知ってますよね？」

と言われたら、知っているんだけど、

「え？　何それ？　知らない」

と返します。すると、相手は〇〇について、親切に教えてくれるでしょう。その場の会話も盛り上がり、新しい情報も手に入る。いいこと尽くめです。

このとき、「あ、知ってます」と本当のことを言ってもいいんですよ。大半の人は、「知ってます」と言いますよね。知ってるんだから。

でも、そこで話は途切れてしまいます。

「ウソも方便」を使うとしたら、まさにここです。相手を立てずして自分が立つわけがないので、こういうところではバカになっていい。

「物知り」というちっぽけなプライドなんて捨ててしまっていいのです。

もしくは、「〇〇って知っていますか？」と言われたら、

「ちょっと教えてもらえますか？」

と言ってもいいと思います。

これなら、知っているのか、知らないのか、どっちなのかは明かしていないので、ウソをついたことにはなりません。「教えたい」という相手のニーズにも応えています。

なんでもかんでもウソをつけと言っているわけではなく、それにより相手を立てることにつながったり、温かなコミュニケーションが成立するなら、ときにはありだと思っているという話です。

POINT

「ウソも方便」で相手を立てる

COLUMN 02

正義を振りかざすな！

ずいぶん前から、テレビ業界では「コンプライアンス」が叫ばれるようになりました。コンプライアンスとは、「法令遵守《ほうれいじゅんしゅ》」を指しますが、「社会的規範の遵守」という意味もあります。

これがいささかやっかいです。要は、世間の常識ですから、そんなもの誰が決めているのか、常識とされることが本当に正しいのか。考え始めたらキリがありません。しかも、「昔の常識は、今の非常識」になることはよくあります。

今、最も神経を使うのが、ジェンダーに関する表現です。

小さな女の子に、「そのピンク色のお洋服、似合っているね」と言うのもためらいます。「かわいいな」と思って言った一言も、「なんでピンクが女って決めつけるんだ」と攻撃されかねないからです。「女はピンクで、男はブルーを着ろ」と言ったら、確かに決めつけです。でも、そういう文脈じゃないのに、ピンク色がよく似合う女の子を褒めただけなのに、ジェンダーを盾に攻撃されてしまうことがあり得るのです。

人間は、無意識のうちに「男と女」「昼と夜」「光と闇」という二元論で世界や事物を捉え、「良いか悪いか」「正しいか間違っているか」で判断して白か黒かはっきりさせたがります。

出世するかしないか、高卒か大卒か、金持ちか貧乏か、演歌かポップスか、肉か魚か……ってかなり脱線してしまいましたが、善悪の「善」が世間的に「正しい」とされていても、本当に正しいかどうかは分かりません。

たとえば、昔は、どんなに喉が渇いても水は飲まずに我慢する部活動が「正しい」姿とされてきました。しかし、今は、運動して水も飲まないなんて、「間違い」と言われるでしょう。

数年前、人気女性タレントがミュージシャンと不倫したことが世間を賑わせました。不倫は、それに傷ついた旦那さんなり奥さんがいるなら、土下座するなり許してもらうまで謝り尽くさないといけないと思いますよ。された側が怒鳴り散らすのも、もっともです。

でも、それは当事者間だから問題になるのであって、テレビを観ている人は無関係なわけです。それでも、徹底糾弾しなくちゃ気が済まない。僕は、そこに〝正義原理主義〟を見ました。

「私は、正しい。あのタレントは、間違っている」と、自分の「正しさ」を盾にして攻撃しているのです。

不倫は、多くの人が「いけないことだ」と認識しているから、堂々と叩きやすいんですね。しつこく叩く時点で、リア充な人に対する嫉妬の裏返しです。でも、そんなことは絶対に認められないので、「不倫しているあんたは、世間が許さないよ」と、安全地帯からバッシングし続けます。

それにしてもバッシングする人は、自分だけは「不倫は、絶対にしない」とでも思っているのでしょうか。

「不倫は、してはいけない」と思うことと、「不倫は、しない」ことは別モノです。もちろん、一生、しないかもしれませんよ。それならそれでいい。

でも、「私はしないと思う。でも、いつどうなるかは、やっぱり分からない」と、善悪の立場がいつでも逆転する可能性を秘めていることを自覚している人の方がヘルシーですよ。そういう人は、自分の中に「悪」が潜んでいることを自覚していますからね。

ちなみに、この女性タレントさんは最近、野球選手と結婚しました。

これに関して、ワイドショーのリポーターが、数年前の不倫報道について触れた上で、「我々マスコミが、あれだけ攻撃したことは申し訳ないと思いますね」と言ったのをテレビで観たんです。

僕は、「我々マスコミ」って、その言い草はずるいだろうと思いました。「我々」で逃げて、「マスコミ」という言い方でさらに逃げて、自分はその他大勢の一人になっている。

いくらなんでも、もうちょっと自分の発言に責任を持ったらどうなの？ と思いましたね。

CHAPTER

03

言いにくいことを
スルッと伝える

CASE 10

切り上げ力

相手の話を早く終わらせたいときの一言

「はい！ オッケーです！」

NG WORD

あのぉ、ちょっともう時間がないんで……

相手の話が終わらない。さあどうする！

相手の話が長くて、途中で打ち切りたい。でも、話の途中で割って入ったら絶対に不快な思いをさせてしまう。そんなとき、どうやって幕引きすればいいのでしょうか。

「早く終わらないかなぁ」と、腕時計なり、部屋の壁掛け時計なりをチラチラ見る人がいますが、これは、本来、非常に失礼な行為です。

相手に気づかれないようにさりげなく時計を見ているつもりだとしても、100％バレていると思った方がいいです。人は、**他人の目線には超敏感だからです。**

ただし、本当に次の待ち合わせに間に合わなくなるから時間を確認しなければならないこともあります。そのときは、

「ちょっとすみません。時間だけ確認させてください」

と正直に言って時計を見ればいいと思います。

これで相手も、「そろそろ切り上げないといけないかな？」と思い始めますから、自然に幕引きできる可能性が高まります。

ただ、「時間がないので……」を、話をさえぎる言い訳にするのは極力避けたいところです。相手からすれば、

「時間がないなら、そんなときに会うなよ」

と思いますからね。

おじさんの長い話を見事にぶった切る方法

長くなりそうな話を切り上げるのが上手いな、すごいなと思ったのは、坂上忍さんです。

ダウンタウンと彼がＭＣで、お酒を飲みながらトークする番組『ダウンタウンなう』の「本音でハシゴ酒」というコーナーに僕がゲスト出演したときもそうでした。

フリップで、

「古舘さんは、自分の娘さんの披露宴で司会をしたらしいですね」

と話題を振られたんです。

「そうなんだよ。

『いよいよ宴も後半のクライマックスでございます。

今まで育てていただいた感謝の思いを花束贈呈に託します。金屏風に位置をとった双方のご両親様。……おっと、新婦の父、ワンテンポ遅れてここに到着です』

と、良い感じになった話の途中で、

「はい！　オッケーです！」

と打ち切られたのです。

おじさんの長広舌《ちょうこうぜつ》を見事にぶった切ってくれたのです。

まったく腹は立ちません。

むしろ、面白いな、すごいなと思いましたよ。坂上さんは、話を切る天才だと思います。

これ、忘年会の二次会なら応用がきくと思います。

誰かの話が長かったら、

「はい！　オッケーです！」

とばっさり切ってしまいます。宴会ですし、どっと笑いに変わるのではないでしょうか。

社内会議であまりにも話の長い上司がいたら、そこでも「はい！　オッケーです！」と使いたいところですが、ちょっとリスキー。場をわきまえて使うべきですね。

「弟力《おとうとりょく》」を出すと寛大に受け止めてもらえる

坂上さんのように、話を途中でばっさり切っても嫌われない人は、言葉の使い方だけではなく、**「弟力」**というべきものも持ち合わせていると思います。

弟力とは一言で言えば、やんちゃキャラ。

相手の弟のつもりになって話すのです。腕力でも説得力でも兄や姉には負けるのが分かっているから、弟は一生懸命媚びたり、あるときは、

「お兄ちゃんってバカだよね」

と生意気を言う。でも弟だから、

「しょうがないなあ。でも、あいつなら、まあいいか」

と思われます。

『直撃！　シンソウ坂上』という番組で、坂上さんが橋田壽賀子《すが》さんにインタビューしているのを観ましたが、そのときの彼は、まさに弟キャラでした。
幼少のときから知っている橋田さんに対して頭が上がらないのでしょう、毒の一切ない、かわいい弟キャラになっていました。

僕は、樹木希林さんにロングインタビューをさせてもらったことがあります。
２０１８年の９月に希林さんは他界されました。その前の年の３月に、東海テレビの番組でインタビューしましたが、そのときのことを振り返ると、ある意味僕も、弟キャラになっていました。

希林さんの患っている全身がんの話や、特殊な夫婦関係など、様々なことを聞かせてもらいました。
そして、インタビューの最後に、希林さんにこう言ったのです。

「今日は俺、勝負をかけてきました！」

希林さんは誰かにモノをもらうのが嫌いな人です。

好きじゃないモノや、自分が使わないなと思うモノは、決して受け取らないのです。そのあたりはとても頑固な人でした。

ただ、焼酎が好きなことを僕は知っていました。だから久々に会った希林さんに、焼酎を受け取ってもらいたかったんです。

受け取るか、受け取らないのか。

のるか、そるか。

そうすると希林さんは一言、こう尋ねてきたんです。


「あら、焼酎？　私ね、どっちか嫌いなのよ。麦？　芋？　どっち？」


出た！　と思いました。

持っていたのは、麦。正直に言うしかありません。


「麦です」

すると希林さん。


「あらー、もらっとくわ」

と、ニッコリ笑って受け取ってくれて、雨の日に傘をさして帰っていきました。

ここからは僕の想像ですが、希林さんは、麦も芋も嫌いではないのかと思います。どっちにしてももらうつもりで、でも、僕の「今日は俺、勝負をかけてきました！」という一言に乗っかってクイズにしてくれたのではないかと。

だとすると、僕は弟キャラだったけど、希林さんは弟を上手く操縦する姉に徹してくれる優しさがあったということになりますね。

姉のことを大好きな弟が、勝負をかけてきた。それが、温かいエンディングにつながったのかな？　と思っています。

POINT
やんちゃキャラで多少の粗相《そそう》は許される

CASE 11

“アンガーマネジメント力”

脳内実況中継で怒りを自己完結

(脳内で)「私は今、
激しく怒っております……!」

NG WORD

は？　何言ってんの

脳内実況中継で、怒っている自分を客観視

妻（夫）や恋人とケンカになって、怒りを感じることもあるでしょう。

そんなとき、どう伝えるか。

「あなたって、だらしないよね」

「は？　自分だってそういうとこあるじゃん」

「え？　そんなことないけど。私は、忙しいときだけ。あんたはいつもでしょ。だいたいあのときだって……」

最初はちょっとした一言だとしても相手の神経を逆なでし、日頃の不平不満のぶつけ合いに発展することもあります。

恥ずかしながら僕も、ケンカの過程でキレたことがいっぱいありました。

どんなに自分の意見が正しいと思っていても、キレた時点で１００％こちらが悪いです。ただちにやめるに越したことはありません。

しかし、人間は感情のある動物。やめたくてもやめられないこともあるでしょう。そんなとき、「言い合いの応酬《おうしゅう》になってきたぞ」「負のサイクルに入りそうだぞ」と思ったら即座に**脳内で実況中継**してみてください。

こんな感じで。

「今、私はキレております。妻があんまりにも『なぜ、もっと早く帰れないの』『もっと、育児に参加してよ』と延々と文句を言うので、思わず『うるせぇ！』と怒鳴ってしまいました。なんとむごたらしいことでありましょうか。キレるという行為は、相手を傷つけるだけでなく、自分のことも傷つけます。どちらにもいいことが何もないのです……」

自分の怒っている状況を、実況中継という形で俯瞰《ふかん》して見る。

実況中継は客観性がなければできないので、いったん立ち止まるきっかけになります。**セルフ・アンガーマネジメント**のようなものです。

そんなに客観視できるなら怒ってないよ！　と思うのももっともですが、キレそうになる、できればその一歩手前でやってみてほしいのです。

「私は、今、激しく怒っております」

と心の中でつぶやくだけでも、冷静になるきっかけがつかめるかもしれません。

ケンカする状況を招いたことに謝る

ケンカや言い合いなんて、自分も相手も正論だと思うことをぶつけ合っているだけですから、いつまでたっても平行線、かつ、言い合えば言い合うほど、自分も相手も何を言っているのか分からなくなってきます。

謝るとしたら、ここを伝えることです。

「自分でも何を言っているのか、分からなくなってきちゃった。ごめんなさい」

言い合いになるほど言葉に頼ろうとしますが、こんなときの言葉ほど頼りにならないものはありません。

かといって、だんまりを決め込むと、「何か言いなさいよ」とか「人の話、聞いてるの？」と詰め寄られる持久戦に突入します。

この負のループに入る前に謝るのです。

そもそも、優しく言えば済む話を、お互いに言い合いに発展させているわけで

す。たとえ自分の主張は曲げられなくても、
「こんなふうにしちゃって、ごめん」
と〝こんな状況を招いたこと〟に対して謝ることはできるわけです。

正直、興奮しているときに謝るのは難しいですよ。

なんで俺が謝らなきゃならないんだと思うし、謝ったら負けだと思う人もいるでしょうし、おまえの方が絶対に悪いと譲れない部分もあるでしょう。

でも、それでもやっぱり謝るべきなのです。

部下を叱るときは？

部下を叱らなければならない場面もあるでしょう。

こちらは、ビジネス上の上下関係があるので、基本的に言い合いにはなりません。一方通行で叱ることになるので、**自分の鬱憤《うっぷん》を晴らすために怒っているわけじゃない**ことを、態度で、言葉で示さなければなりません。

よく「上司はストレス解消のために叱ってくる」などと言う人もいますが、実際、叱る側のおじさんは、ストレス解消なんてまったくしていませんからね。

叱るのもパワーがいるし、疲れちゃうし、イヤな気分になるだけだし、できればしたくないものです。

それでも言わなければいけない、真剣に相手に何かを伝えなければならないときは、相手の1メートルぐらい前で極力視線を外さずに話します。

このとき、怒鳴ったり、キツい口調で言うとパワハラとされますが、でも誰かを叱るときに、「今日はいいお天気でございますね」というのんびりした口調で言う人なんているはずないですよね。

だから、ときに声を荒らげてしまうことがあってもいいと思うのです。

ただし、その大前提に、

「相手を本気で思っているからこそ言う」

ことがちゃんと相手に伝わっていなければダメです。こればかりは、日頃のお互いの信頼関係がモノを言うと思います。

真剣なときは、あまりフレーズのことばかり考えなくてもいいでしょう。

たとえば、

「あなたのためを思うから言ってるんだよ」

なんていうフレーズは、出回り過ぎて陳腐化しているので、しらけた空気が流れてしまいます。

「君に文句がある」など単刀直入な感じで伝えたあと、相手の目をじっと見ながら、叱らなければならない内容を話していけばいいんです。

一通り話し終え、一段落したあとで、こんな話をするのはどうでしょうか。

「木も子育てするって知っているか?」

「はあ?」と思いますよね。でも、続けます。

「動物しか子育てしないって思っているかも知れないけど、樹木もちゃんと子育てするんだよ。

小さな芽吹きがある。強い日差しを避けるため、大木は枝葉で日傘をさしてあげる。大木の地中の根が、蓄えている養分を小さな芽吹きに渡していく。

やがて大木は朽ち果てても、菌類や昆虫によって分解されて養分になって若木を育てる土壌になる。

人も会社の経営も同じじゃないかな」

聞き終えても、「はあ?」と思うかもしれないけど、ここで言いたいのは、部下を叱ったあとのフォローアップの話です。

叱りっぱなしではなく、今、叱ったけど、今後、ますますより良い仕事をしようね、チームで理想を実現していこうね、会社を良くしていこうねという気持ちが、自分なりの表現で伝えられればいい。
愛情の片鱗《へんりん》が伝われば、かえって信頼関係が増すと思います。

POINT

ヒートアップの一歩手前で、脳内実況中継

CASE 12

“Shall we dance 力”

言いにくいことを言うときの一言

(リズムが全然合ってないな……)

「あの、ちょっと**感じたこと**を**言ってもいいかな？**」

NG WORD ごめんね。気を悪くするかもしれないけど……

謝罪の先出しはイヤがられる

時間にルーズな友達に苦言を呈《てい》したい。

そんなとき、どんなふうに話しかけますか？

「ごめんね。こんなこと言ったら気を悪くするかもしれないけど……」

と前置きをして話し始める人がいますが、これは相手も、これから**言うことのにおい消し**だと分かっているのです。

これを僕は**謝罪の先出し**と呼んでいます。

相手もこれから１００％イヤなことを言われると身構えなければならず、拒否権はありません。

こんなとき、どう切り出せば良いのでしょうか。

僕は時折、

「ちょっと感じたことを言ってもいいかな？」

と、相手の同意を求めてから話し始めることを試みています。

相手の気を悪くすると決めつけるのではなく、ただ、自分の気持ちを伝える感覚。聞くも聞かないも相手の自由です。

まるでダンスに誘うように切り出す

「ごめんね、でもね」という謝罪の先出しは、

「おイヤかもしれませんけど、聞いてくれるよね」

と言っているわけですから、完全に**〝自分ファースト〟**です。

謝りながら、結局はクレイジーケンバンドのように「俺の話を聞け！」と叫んでいるのです。

ビジネスシーンでも、

「すみません。失礼かとは思いますが、時間もありませんしね。端的に言いますよ……」

と相手の同意も得ずにダーッとしゃべり出す人がいると思いますが、これも謝罪の先出しと同じ身勝手さが漂いがちです。

一方、「ちょっと感じたことを言っていいかな？」は、相手が「いいよ」と言ったら話すし、「イヤだ」と言っても引き下がれるため**〝相手ファースト〟**の要素が強くなります。

「Shall we dance?」

「一緒に踊ってくれませんか？」

と会話のダンスにお誘いしている感じでしょうか。


会話のダンスにお誘いして、「いいよ」と言われた途端に強いリードで踊りだし、

「時間にルーズだよね」

と相手にとって耳に痛い話を切り出すのです。

そして、ここでもリードされた相手がターンしながら、

「つい遅れちゃうんだよね」

と切り返せば、そのときこそ強いステップを踏み、

「それって言い訳でしょ」

と押し込むのです。そこからさらにダンスは続きますし、

「えー。そういう話は聞きたくない」

と言われたら、音楽はストップ。ダンスをやめればいいだけの話です。

僕は踊っているつもりで、図に乗りながら自分ばかりしゃべるエアーダンスが空回りし続けて、番組が早めに終わってしまったという経験があります。Shall we dance? の緩急の大切さは身に染みています。

「耳の痛い話をしている自覚」を持つ

ただし、

「ちょっと感じたことを言っていいかな？」

とダンスに誘う側も、結局は、相手に対する苦言や文句を言うわけですから、

「耳の痛い話をしている自覚」はしておいていいと思います。

「私は、こう感じているの」

「私は、こう思っているの」

と言うのは、相手にとっては「決めつけられている」ことにもつながります。

こちらは「時間にルーズだよね」と思っているけど、相手は、

「3回に1回は確かに遅れるけど、数分遅れるだけじゃん。それを〝遅刻魔〟と決めつけるなんて」

と不愉快に思うかもしれません。

だから、

「自分の感覚では、あなたはちょっと時間にルーズな気がするけど、私の勘違いなのかな」

と頭から否定せず、相手の意見も聞くようにする姿勢を、常に持ちたいところです。

POINT
相手のリアクションに合わせる

CASE 13

“交通整理力”

ダラダラしゃべる人への対応は？

「すいません。
会話が迷子になりました」

NG WORD 結論から言ってくれない？

結論の見えない話には？

友達と話をしていて、オチがどこにあるのか分からない話を延々と聞かされるとかなりストレスがたまります。思わず、

「まず結論から言って！」

と言いたくなりますが、それではカドが立つだけです。

だいたい話の長い人は、Aの話をしていたはずが、Bへ、Cへ、Dへと枝葉のように分かれていき、話題が取っ散らかっているのです。

だから、それをこちらがやんわり指摘してみます。

すなわち、「すいません。**会話が迷子になりました。**結局、なんの話でしたっけ？」と聞き返し、Aの主題に引き戻してあげたらいいのです。

あるいは、「あんたの言っていることは分からない」とストレートにぶつかっていく田原総一朗話法、すなわち〝朝ナマ力〟を出動させる方法もあります。

田原総一朗さんが司会の討論番組『朝まで生テレビ！』は、1987年にスタートし、33年目に突入した長寿番組です。

複数のパネラーが出演して討論を繰り広げますが、田原総一朗さんは、しばしばパネラーが話をしている途中で、「あんたの言っていることは分からない！」と言ってさえぎり、別のパネラーに話を振ってしまいます。

「あんたの言っていることは長くて分からないよ。戦後の民主主義はダメだと言うけど、なぜダメかを結局言ってないんだから。はい、言って。社民党から」

こんな感じで次につなげているのです。

話の要領を得ずにダラダラしゃべる人を容赦《ようしゃ》なくシャットアウトできる、非常に強力な言葉ですが、これを使うにはコツがあります。

それはその場に、3人以上いるときに使うこと。つまり、複数の民意を得て初めて成立するのです。

1対1で「あんたの言っていることは分からない」と言ったら、正面切ってケンカを売っているのと同じですからね。

田原さんだって、1対1でこんなこと言わないと思います。

僕が田原さんがすごいなぁと思ったのは、目線を外して画面に映っていないディレクターの方向に向き、

「何？　コマーシャル行かない！」

と怒ったこと。

これはレアケースですが、そのときCMにいけという指示が出ていたわけでもないのに「議論が白熱しているんだから、今はコマーシャルに行かない」と生演出したのです。

この緊張感を作り出す演出に感化されて、『報道ステーション』の初期にスタジオのディレクターから「CMに行け」という指示が出たときに、

「今、いいところだからCM行かない」

と語気強めに言ったことがありました。

「あれは討論番組の田原さんという立ち位置だから許されるのであって、あんたが言ったらダメだ」と周囲から怒られました。

自分にエマージェンシーコールがかかったら?

延々と続く、結論のない「ダラダラ話」は、人にされることもありますが自分がいつしてしまうとも限りません。しかも、ダラダラ話すと、その長い間に自慢話が潜む確率も高くなります。

「こないだ引っ越した新築の高層マンションなんだけどさ、眺めはいいんだよ。33階だから。東京の夜景が一望なんだよ。セキュリティもしっかりしてて、ピッ

キング対策に有効なディンプルキーだし、24時間オンラインセキュリティってやつ。あとは**俺の高所恐怖症がなくなればね……」**

高所恐怖症のくせに高層マンションの最上階に引っ越したことで笑いを誘おうとしても、自慢が鼻につく方が勝ると感じる人がいそうです。

「自慢が過ぎたな」と自分にエマージェンシーコールがかかったら、言うのは、たった一言。

今の完全な自慢！

いったん自慢に気づいたら、「やばいな、やっちゃったな」と凹んでしまいそうですが、そんなのいいからさっさと「完全な自慢！」と言い切ってしまえばいいのです。ごめん、と謝る必要もありません。

「あえての自慢！」という空気になれば、こっちのもの。

自慢しているときは、どこかに「ちょっと自分を高く見てくれよ」という気持ちが見え隠れしているもの。

そのままでは相手にドン引きされます。

逆に開き直って、

「以上、現場から自慢話でした」

と言ってしまえば相手も、

「自分が自慢してること、分かってるんだな」

しまいには、

「まあ、確かに自分も自慢したくなるときがあるもんな」

と、自慢話の一般化をすることができるのです。


この「以上、現場からでした」というフレーズは結構使えます。

笑える話として伝えたいのに、どうにも上手くオチがつけられなかったときに、

「現場からは以上です！」

と締めるだけで、「あとはスタジオに戻します！」と言わんばかりに相手に会話のバトンを渡せます。

力技で丸く収めるパワーワードですね。

POINT

「現場からは以上です！」でオチもつく

COLUMN 03

断る筋力をつけよ！

誰かとランチしているときに、相手が食べているものを、

「これちょっと食べない？」

と言われることはありませんか？

全然気にせず「ありがとう。食べる食べる！」と言う人もいるかもしれませんが、僕はイヤです。

「結構です」、あるいは「遠慮します」と言い切るか、「ごめんこうむります」とバズーカ砲をぶっ放すか？

それは難しいので重宝されているのが、「あ、大丈夫です」。

考えてみたら「大丈夫」っておかしいですよね。

「大丈夫」の本来の意味は、

「あぶなげがなく安心できるさま」

「間違いがなくて確かなさま」

で、是か非か、要か不要かを表すものではありません。

それなのに「これちょっと食べない？」に対して、そもそも肯定的な言葉である「大丈夫」を使うのは、「結構です」とキッパリ拒否するのが怖いからです。

誰でも、できれば嫌われたくないですからね。拒否することで、相手を傷つけたくないという心理も働く。

それが、「大丈夫です」が雨後のタケノコのごとく広がっている原因です。

僕は「結構です」と、はっきりＮＯと

言うべきだと思っています。

そのお手本のような人こそ、亡くなった樹木希林さんです。

2013年、東海テレビ放送の開局55周年記念式年遷宮特別番組『神宮希林』で、希林さんが伊勢神宮に行くドキュメンタリーが放送されました。

その中で、伊勢うどんを食べるシーンがあり、お店の女将さんが希林さんのファンで、

「希林さん、大好き！」

と言ったあと、

「うどん、どうだった？」

と聞くと、希林さんは、

「おいしかったわ。いつもは全部食べられないのに、残さず食べちゃったわ」

と答えて代金を支払おうとします。

すると、女将さんが、

「(代金は)いらない。希林さんの大ファンだから」

これに対して、希林さんが一言。

「ダメ。受け取ってもらわないと困るのよ。私、そういうの嫌いなの」

と言って支払います。

女将さんは、何かせずにはいられなかったのでしょう。

お店の奥から、式年遷宮の記念に商店街のみんなで作ったという新品の白いはっぴを持ってきて、

「もらってあげて」

と言って希林さんに渡したのです。

横道にそれますが、「もらってあげて」

COLUMN 03

は最近よく使われる言葉ですが、変ですよね。

「受け取ってください」

と言うところを、

「あげるこっちの気持ちにもなって」

というニュアンスを含んだ上での「もらってあげて」ですから。

ブランド品をあげるときと同様、〝優しい強迫〟です。

この「もらってあげて」に対し、希林さんはなんと言ったか。

「結構です。いりません」

ビシッと断ったのです。

「女将さん。私ね、こんなにおいしいおうどんをいただいて申し訳ないんだけど、これ（はっぴ）は、私いただいても着ないと思うのよね」

着なくても、その場では「ありがとう」と取り繕ってもらう人の方が多いだろうに、希林さんは正直に言うのです。

「着る着るってウソ八百言って、うちに帰って即破棄しちゃう人、結構いるのよ。私、そういう悪い人間になりたくないから、ここで嫌われておいた方がマシ。ごめんなさいね」

映像を通して観ても、女将さんの機嫌が悪くなっているのは分かりました。

「どんなに良かれと思ってしてくれたことだとしても、拒否するときは拒否する。それがお互いのためだ」

という希林さんの強い気持ちが窺えました。

話を戻しますが、「これちょっと食べない?」と言われて、食べたくないのに無理して食べるとストレスがたまります。

僕は、思い切って断る練習をするといいと思います。

希林さんみたいに、「結構です」の一言で終わらせるのはハードルが高いけど、

「ごめんなさい。それはあまり好きじゃないので」

とか、

「ごめんなさい。お腹いっぱいなので、遠慮します」

あたりなら言えるんじゃないかと。

「それはあまり好きじゃないので」も、「お腹いっぱいなので」も、相手のせいではなく、あくまでも自分の事情のせいで断るのでカドが立ちづらいです。

ごくごく普通の断り方だと思うかもしれませんが、それでも断ることには変わりないので、初めのうちはものすごいカロリーを消費すると思います。

「断る」のは、慣れもあります。筋トレと同じです。

「ごめんなさい」の場数を踏んで断る力を養えば、少しずつ筋力がついてきます。

COLUMN 04

孤独を怖れるな！

『人生論ノート』で有名な哲学者・三木清さんは、同書の中で孤独についてこんなことを述べています。

「孤独は山になく、街にある。一人の人間にあるのでなく、大勢の人間の『間』にあるのである。孤独は『間』にあるものとして空間の如きものである」

僕は常々、コミュニケーションの根底には、「孤独」があると思っています。

ここでは、孤独について考えることで、根本的なコミュニケーションの在り方についてお伝えできればと思います。

ある映画のシーンで、若い男女がラブホテルに行ってコトを済ませたあと、二人でタバコを吸っています。

男が、「こんなふうにむつみ合っても孤独だよね」と言ったら、女が、顔色一つ変えずに「そりゃそうよ。二人でいるときの方が孤独を感じるもんね」と言ったんです。

僕はこのシーンを観て、はたと「孤独」と「一人ぼっち」について考えました。

孤独とは、何か。

辞書には、「自分が一人であると感じる心理状態」と書いてあります。

ということは、一人の状態である=誰かと一緒にいないと孤独を感じるように思いますが、実際には違いますよね。

二人で肌を寄せ合っても孤独は感じる

わけです。

逆説的ですが、セックスするのも人が会話を交わすのも、孤独を和らげるのではなく、孤独の確認作業ではないかと思うことがあります。

ならば、一人ぼっちでいたらどうなるのか。さらなる孤独が押し寄せるのか？

そこで冒頭の三木清さんの名言です。

「孤独は山になく、街にある」

山で一人ぼっちで暮らしているとします。寂しいかもしれませんが、太陽が昇れば小鳥のさえずりが聞こえ、雨の強い日はその音が屋根や窓を打ちつけ、狸だ狐だ動物がやってくるかもしれず、豊かな自然の中では一人ぼっちであっても孤独は感じないというのです。


一転、東京・渋谷のスクランブル交差点然り、街中の雑踏で、あれだけの人がいて賑やかなのに孤独を感じることがあります。大人数でどこかに出かけても孤独は潜んでいるし、愛し合う二人がしっとりとした時間を過ごしていても、そこにも孤独はあります。

そう。ここで孤独の輪郭が浮かび上がります。

「孤独とは、他人と向き合ったときに、他人と自分の間に発生するもの」

三木清さんはそれを、「一人の人間にあるのでなく、大勢の人間の『間』にあるのである」と表現したのです。

孤独について話をすると、僕が行きつくのは仏教です。

偉いインドの王様が、美しいお妃様に向かって、

「おまえのことを愛している。だけど、正直に言うと、おまえのことを愛している以上に自分を愛している」

と、自分ファーストだ、自分が一番かわいいと告白するんですね。

すると、お妃様も、「私も王様のことを愛しているけれども、王様のことを愛している以上に自分を愛しています」と言うのです。二人はお釈迦様に会いに行きました。お釈迦様は、なんて答えたか。

「それでいい」と言うのです。

「しかし、ここだけはわきまえなさい。自分を愛しているのと同様、相手も自分のことを一番愛しているんだと互いの心を理解することが大事なのです」

自分ファーストで結構だ。自分を愛しているのと同じぐらい、相手に思いやりの気持ちを持って接しなさいと言って二人を帰すのです。

僕は、このくだりは〝人間は相手を完全に理解することは難しい〟と言っているのだと思います。

人間は相手の心をわかろうとする前に、自分の気持ちをわかってもらいたいという一心で、「どうしてわかってくれないの！」と執拗に迫ってしまいます。

しかし、自分と相手の間にある「孤独」を認めることができれば、相手の立場に立って話を聞いてみようという謙虚な姿勢になれるのではないかと思います。

CHAPTER

04

会話が不思議と盛り上がる

CASE 14

“キャッチフレーズ力”

どんなふうにたとえたら最も伝わる?

アンドレ・ザ・ジャイアント

実況

「一人と呼ぶには大き過ぎ、
二人と呼ぶには人口の
辻褄が合わない」

NG WORD とにかく大きいプロレスラー

古舘流「キャッチフレーズ術」

「あの人、○○さんに似てるよね？」

こんな他愛のない話で盛り上がることがありますよね。

誰かにニックネームをつけるのは、何かにたとえるのが得意な人。

そういう人は、無意識にせよ、たとえるために対象の本質を見つけ出していま す。このことは僕も、実況中継をしていた頃からかなり意識していました。

「本質を見つける」ことは、効果的な〝たとえ〟を導き出すだけではなく、話題を膨らませることにもつながります。

ではどうしたら「対象の本質を見つける」ことができるのでしょうか？

それには、まず対象の特徴を**〝分解してみる〟**ことです。

今、僕が原稿を書いているデスクの上に甘納豆のお菓子が何袋か置かれていま す。特に有名ブランドでもない、どこにでもありそうな甘納豆です。

この甘納豆を分解するとどうなるか。

なんでもいいのです。見えたこと、感じたことを箇条書きで考えていきます。

①　一粒を見ると、おたふく豆みたいな大きな豆に砂糖がまぶしてある。
②　濃い茶色や緑色の粒が混じっている。
③　数粒が小分けされた袋に入っている。
④　袋の正式名称は、個包装用ガス袋である。
⑤　小腹がすいたときにつまめるように配慮されている。

ここから「個別に入っていること」がこの甘納豆の「本質」なんじゃないかと仮定します。それを話の中に落とし込んでいくだけで、話は豊かに広がっていくはずです。

「昔は、和菓子屋では大福がそのままお盆の上にボンと載っていて、そのままわしづかみにして食べることができました。でも、この甘納豆は、いかにも今どきのお菓子ですね。個装されています。こんなふうに、なんでも口当たり良くコーティングされ、オブラートに包んで話さなければイヤがられる世の中です……」

こうして対象を分解し「本質」の一端をつかめれば、「まさに昨今、『甘納豆の核家族化』が急激に進んでいます」と話を広げることができます。

僕は、プロレスの実況中継をしていた頃、視聴者がよりイメージしやすくなるように、レスラーにニックネームをつけて呼んでいました。

2メートル23センチの身長、200キロ以上体重のあるアンドレ・ザ・ジャイアント選手のキャッチフレーズは、

「一人と呼ぶには大き過ぎ、二人と呼ぶには人口の辻褄が合わない」

アンドレ・ザ・ジャイアント選手の本質は、その「大きさ」にあります。

そして、その本質である「あまりにも大きな人間の肉体」をどう形容すればいいんだろうと考えたとき、**「ああ、二人だ」**と気づいたのです。

一人だけど、二人いるかのような巨大さ。でも、一人ですから、二人と言うのは物理的に辻褄が合わない。このフレーズは当時、かなりウケました。

ウケる言葉は、嫌われる言葉でもある

ニックネームをつけたり、何かにたとえたときにドカンとウケる言葉は、一歩

間違えると嫌われる言葉にもなります。

たとえば、美容整形を繰り返している人のニュースを見たとき、

「このまま繰り返していくとどうなっちゃうんだろう？」

という疑問から、

「顔面サグラダ・ファミリアみたいだね」

と言ったことがあるんです。

サグラダ・ファミリアは、バルセロナにある文化遺産ですが、あれを見たとき、

「建築家・ガウディが仕掛けた壮大なトリックではないか？」

と思ったんです。

だって、着工してから実に137年。2026年に完成予定と言われていますが、完成した瞬間に、経年劣化を起こしている箇所から崩れ、そこを修復していたら、いつまで経っても未完のままでは？　ガウディは最初からそのことを織り込み済みなのでは？　と思ったのです。

こんなふうに、「崩してはお直し」を繰り返して結局完成しないように見えるサグラダ・ファミリアが、最初は目、次は鼻、今度はたるみ、シワ……と美容整形

を繰り返す人のニュースを見たとき、僕の中で重なったんです。

でも、どんなに自分の中では辻褄が合っていても、たとえニュースの感想だとしても、いきなり「顔面サグラダ・ファミリアみたいだね」と言ったら、不快になる人もいますよね。人の顔をなんだと思ってるんだ、バカにしているのか、失礼じゃないか、女性の敵だ云々言う人は必ずいます。

ウケ狙いではなく、コミュニケーションを円滑《えんかつ》にしようと思って発言した言葉も、誰かにとってはイヤだと思われる可能性はあります。つい、どうせなら誰からも好かれたいと思ってしまいますが、そんなことはあり得ない。

十人中六人に好かれたとしても、四人からはめちゃくちゃ嫌われる。

そういうものだと思っていれば、何かを伝えたり表現することに勇気を出せるのではないでしょうか。

POINT
話を面白く広げたいなら、本質をつかむこと

CASE 15

“かけ合わせ力”

“異素材”の言葉を組み合わせる

「彼女はまさに、
恵比寿のロードサイド
のハイエナだ」

NG WORD

彼女はすごく優秀な編集者です

俺、うなぎ。でも、俺はうなぎではない

日本語って、組み合わせる言葉によって与える印象がガラリと変わるすごく面白い言語ですよね。

キャッチフレーズを作るにしても、まったく違うジャンルの言葉をつなぎ合わせることで、面白いフレーズを作り出すことができます。

それを説明する前に、もう少し、日本語の面白さを掘り下げてみましょう。

まず、その面白さの一つは、主語がなくても通じる曖昧《あいまい》なところ。

たとえば、土用の丑の日。家族でファミリーレストランに行きました。

オーダーしたものを店員さんが運んできます。

「うなぎはどちら様ですか?」

「あ、俺うなぎ!」

本来なら誰かがツッコむべきです。

「俺はうなぎじゃないじゃないか！　人間じゃないか！」

そして、店員さんは続けます。

「スパゲティナポリタンになります」

「ナポリタンになってみろ！　なってないじゃないか！　人間じゃないか！」

と僕はツッコみたい。

自宅にて。

「お茶が、入りました」

へぇ。お茶が勝手に急須のところにトコトコやってきて自主的に湯のみに入っていったのか？　そんなはずはありません。それに異を唱える人もあまりいません。

先にお風呂に入った人が、**「お先にいただきました」**と言うのもそうです。

「先にいただいた」って、まさか、お風呂のお湯を全部飲んじゃった……はずはなく、「お風呂をありがたく頂戴する」という表現が、「お先にいただく」まで飛《ひ》躍《やく》してしまったわけです。

これだけ見ても、日本語は、主体が曖昧でもコミュニケーションは充分に成り立つことが分かります。

英語は、「ただいま」一つとっても「I'm home.」。「I」が入りますが、日本語で「私は、ただいま」とは言いません。主体はかなり曖昧です。


自分と他者の境界線、これもかなり曖昧ではないでしょうか？

空気を吸って、吐く。

今、肺の中にある空気は自分の一部ですか？　それとも自分じゃない他者ですか？

びろうなお話で恐縮ですが、うんこしたら、「汚い」と思ってすぐにトイレの水を流しますよね。

でもこれも、つい直前まで自分の体で育んでいたものですよね？

自分の外に出た途端に自我の外に出て、嫌われモノになってしまう。

うんこは、外に出るまでは自分で、外に出た直後に他者になるのか。その境界線もよくよく考えたら曖昧なのです。

今、「うんこミュージアム」が大盛況です。

カラフルなうんこがアートとしてたくさん展示されています。『うんこ漢字ドリル』然り、かつてこんなにもうんこが日の目を見たことがあったでしょうか？

これはもしかしたら、今までさんざん忌み嫌う対象になっていたうんこへのせめてもの贖罪《しょくざい》なのかもしれません。

真逆の言葉を組み合わせよ

小さいとき、家の近くで元キックボクサーのオオサワさんという人がラーメン屋をやっていたんです。

その人は、現役時代にアナウンサーにつけてもらったキャッチフレーズをラーメン屋のキャッチコピーに使っていました。これです。

「小さな巨人」

小柄な人だけどダイナミックな動きをするから「小さな巨人」なのですが、僕はラーメン屋の前を通るたびに、面白過ぎて震えていました。


めっちゃ小さいのに、巨人。巨人なのに、小さい。

明らかに矛盾した言葉だけど、組み合わせるとなぜか成立してしまう面白さがありますよね。これとよく似たのに、**「日本一まずいラーメン屋」**をウリ文句にしているお店が注目されたことがありました。

日本一をつけるなら、うまい一択のはずが、あえて、真逆の言葉を持ってくる。「日本一まずいんだ。じゃあ、行かない」という人より、「話のネタに行ってみようかな」と思った人はいるはずです。日本語の持つ遊び心を感じます。

言葉のかけ合わせって面白いんですよね。

昔からタイトルやキャッチフレーズなどはこの手法が使われています。

たとえば、「愛の狩人」「都会のカウボーイ」「コンクリートジャングル」。

本来、結びつかない「愛×狩人」「都会×カウボーイ」「コンクリート×ジャングル」という**言葉の組み合わせが新しいイメージを作り出します。**

たとえば、本書を発行している出版社は恵比寿の車通りの多い通り沿いにあります。そこで仕事をしている敏腕編集者の女性がいます。

彼女がやり手だからと言って**「恵比寿の横綱」**とたとえたら、ちょっと月並みです。

日々精力的に売れそうな本のネタを追って動き回る彼女のことを、**「恵比寿に生息するロードサイドのハイエナ」**と言ってみてはどうでしょう?

もちろん恵比寿にどぶねずみはいても、ハイエナはいません。

こんなふうに実際にある場所と、絶対にそこにいない〝異物〟をかけ合わせると、大きなインパクトを与えることができるのです。

ピンポイントにフォーカスする

言葉のかけ合わせも面白いですが、たとえば、視点をピンポイントにフォーカスすることで、より鮮やかなイメージを表現することができます。

ビジュアルを一点に凝縮するのです。

腹が立ったとき、なんて言いますか？

「あー！　ムカつく！」

とか、その類のことを言いますよね？

でもここで、あえて、ある一か所に、ピンポイントにフォーカスする方が怒りを伝えられることがあります。たとえば、こう言ったらどうでしょう。

「こぶしが震えたよ」

「こぶし」という1点にフォーカスすることで、「かなり怒っているのだろう」と容易に推測できます。全体像を説明するよりもピンポイントを描写される方が、想像力をかきたて、よりリアルに伝わることがあるのです。

プロレスの実況中継をしているときも、このピンポイント描写はよくやっていました。

バックドロップのすごい大技を選手が決めたとき、普通の実況なら、「バックドロップ一閃《いっせん》!」と叫びます。

でも僕は、時折「バックドロップ」という単語は出さず、ドーンと倒れる音だけ聞かせ、

「マットがきしんでいる」

と伝えました。テレビを観ている人は、倒れる音とマットのきしみ具合を想像し、バックドロップの強烈さをそこに見るのです。

面白い表現をするって、難しいと思うかもしれません。

でも、かけ合わせたり、ピンポイントにフォーカスしたり、ちょっと工夫するだけで意外なイメージが生まれます。

そもそも、本書の「おしゃべり野郎の凝縮ワード」だって変ですよね。

POINT

かけ合わせる。ピンポイントで表現する

CASE 16

“ウソの断定力”

ウソと分かる話をあえて断定する

「俺は映画を観に行ったんじゃない。
戸田奈津子の字幕を観に行ってたんだ!」

NG WORD いや寝てないよ。目はうっすら開いてた

物事の見方が変わる!? ウソの断定

明らかなウソも、いや、明らかなウソだからこそ、言い方次第では効果的なスパイスになります。

たとえば、**誰もがウソと分かる話をさも本当かのように断定した言い方をする。**シリアスじゃない話題なら、〝ウソの断定〟をしても誰も困らず、ユーモアに転換できます。

僕は映画好きですけど、外国語の映画を観るときは演じた俳優の肉声を聞きたいので、吹き替えではなく字幕バージョンを選んで観ています。

字幕翻訳家で有名な戸田奈津子さんに直接お伺いしたことがあるのですが、映画のセリフを日本語に翻訳するときは、しゃべっている間に字幕を読み切れなければ失格になるので、1秒に3〜4文字程度を限度に考えなくてはならないそうです。

まともに翻訳すると30字ぐらいになるセリフを10字程度に収めるとなると、当然、意訳せざるを得ません。

英語が堪能な方に、

「間違っているよ」

と言われることもあるぐらい意訳をエスカレートさせて読み切れる長さに凝縮させるそうで、僕は、これは映画翻訳ならではの素晴らしいテクニック、ある種の芸術だと思うんです。

ということはですよ?

映画を観に行く僕は、英語が苦手なので、戸田奈津子さんを全面的に信頼して、スクリーン全体より彼女の字幕を凝視しているのです。

で、気づいたんです。


僕は、映画を観て泣き、笑っているのではない。

戸田奈津子に泣き、戸田奈津子に笑っているのだ。


どうでしょうか。これが、僕の思う **〝ウソの断定〟** です。

「映画を観に行ったんじゃない。戸田奈津子の字幕を観に行ったんだ」と潔く断定することで、映画の翻訳の素晴らしさを表現できるのではないかと思います。

また、冒頭の例のように、「最後のシーンで寝てただろう」というツッコミに対

して、

「字幕は全部読んだ」

と力強く切り返せば、「俺には俺の見方がある！」という一本気なところもアピールでき、ちょっと面白い展開になりますね。

俺は、ぷりぷりを食べているんだ！

この〝ウソの断定〟には、様々な応用がききます。

たとえば、

「俺は海老を食べているんじゃない、**ぷりぷりを食べているんだ！**」

はどうでしょう？

海老のおいしさを言葉で伝えるとき、たいてい「ぷりぷり」という言い方をしますよね。

常套句化していますが、ダメな擬音ならとうに廃れているはずで、30年前も今も旅番組では、

「ぷりっぷりな伊勢海老ですね〜」

と言っています。

みんな「ぷりぷり」という言葉と食感が好きなんですよ。

そう考えると、見えてくることがあります。

食レポをするタレントさんは、海老料理を伝えるとき、海老のことは伝えていない。

実は、**「ぷりぷり」という永遠不滅の食感の素晴らしさ**を伝えているのです。

つまり、本当のメインディッシュは「ぷりぷり」という名前なのです。というわけで、冒頭のセリフが出てきます。


「俺は海老を食べているんじゃない、ぷりぷりを食べているんだ！」


「ぷりぷりを食べている」と断定することで、それは、

「おいしさよりも刺激的食感を優先してしまう今を伝えること」

でもあるのです。

絶対、ショートヘアの方がいい！

こちらは、ちょっと上級編になりますが、ずっとロングヘアだった女性が髪の

毛をばっさりとショートカットにして、

「短いのは、似合わないよね？　ロングのままでいればよかった……」

と言ってきた場合の円滑なコミュニケーションを考えてみましょう。

確かに、ロングヘアの方が見慣れていたことを差し引いても、当人が言う通り、ショートヘアは正直、そこまで似合っていないとします。

そう思ったときこそ断定です。


「絶対、ショートヘアの方がいいよ！」


これは、明らかなウソです。ウソの断定です。なんなら、言ったこっちはわずかながら罪悪感もあります。

でも、もう短く切っちゃった人に、

「絶対、ロングがいい。伸ばさなきゃダメだよ」

と正直に言ったところでどうなります？

「切っちゃったものは、そう簡単には元に戻らないよ！」

と、不本意ないざこざに発展しかねません。

当人だって、ロングヘアの方が似合っていることは気づいているんです。

そのとき、

「ロングヘアは似合ってたけど、ショートもそれなりに……。あ、ショートもいいと思ってるよ。意外性があって」

と中途半端な言い方をした時点で、ウソはバレますよね。

逆に傷つきますよ。

人は、**自分が嫌われたくないからどうにか褒めようとして言葉を紡ぐのですが、それが相手をかえって傷つけることがあるのです。**

だったら、堂々と、「絶対、ショートヘアの方がいい！」といったん断定します。

3回ぐらい、立て続けに。

女性が、

「そんなことない」「そんなことない」「そんなことない」

と3回言ったら、十中八九「そんなことある」ですよね。ということは、

「絶対、ショートヘアだよ」

「絶対、ショートヘアだよ」

「絶対、ショートヘアだよ」

と3回言ったら、「ショートヘアじゃない」ことを示せるのです。

言われた側は、3回もウソの断定されたら、

「やっぱ、ショートヘアは違うのか。これからコツコツ伸ばそう」

と思いますよ。

POINT
ウソの断定をすると、表現の幅が広がる

CASE 17

“インテリカ”

おじさんの自慢話を知的な話に変換する

「江戸前期の若者はね……」

NG WORD

俺が若い頃はさあ～

「おじさん話法」に陥っていないか？

相手の胸襟《きょうきん》を開きたいときは、先に自分の胸襟を開く。

僕はこれ、1対1のコミュニケーションにおいて鉄則だと思っています。

元気がないなと思った相手が「この間、仕事でミスっちゃって……」と言ってきたら、「ああ、そうだったんだ。俺も、上司にこっぴどく怒られたばかりだよ」と、自分の失敗談をカミングアウトする。

「こんな失敗したよ」と先に言えば、相手も「実は、昨日ね……」と話しやすくなります。

相手が話をできる環境を作るために自らカミングアウトするのは、コミュニケーションの潤滑油と言えます。

ところが、やりがちなのが、失敗談から自慢話へのすり替え。

「俺も昔は失敗したよ……」とカミングアウトしたあとに続けて、

「新人のとき、数か月営業成績がビリで怒られた。だから、一念奮起して取引先を片っ端から訪問したら、その月は部署内でなんと1位だよ。部長から褒められて、あれが異例のスピード出世につながって……」

などと、**「おまえの話を聞くよ」**が、**「俺の話を聞いてよ」**に変わってしまう。

しかも、その話には、多分に誇張が含まれているからやっかいです。

偏見かもしれませんが、こういう人はたいてい声がでかくて、周囲はドン引きしています。〝おじさん臭〟はかなりキツめですが、当人はなかなか気づきません。

実はそれ、僕のことです。酔っ払ったときなど、さらに自分の経験をペラペラとしゃべってしまうこともあります。気を引き締めないといけません。

そんな僕から見てもさらにひどいおじさんになると、相手が、

「この間、会社で専務に呼び出さ……」

と話し出した途端に、

「ああ、先週、専務とゴルフに行ったよ。そのときさぁ……」

とさえぎり、ズカズカと入ってきます。

これは、完全な**トーク泥棒**、**会話のひったくり**です。イヤがられてもしかたがありません。

昔は、会社ではそれなりにおじさんの力があったので、「俺が、俺が」の「おじさん話法」も通用しました。

女性は、戦略としておじさんを立てる時代もありましたが、社会進出し共働き

が当たり前になると、そんな必要はなくなりました。

おじさんの株価は、下落する一方。整理ポストの中に入り、日経平均からも外れてしまったのです。

自分語りの経験ではなく、歴史を話そう

こうした「おじさん話法」をしがちな人に共通しているのは、脚色した経験談を話してしまうこと。おじさんになるほど思い出を改ざんし、経験したことを何倍にも盛って武勇伝にして語ってしまうのです。

これは、不動産にたとえると分かりやすい。

若者は、新築状態ですから、思い出も少ないけれど、補修の必要もありません。でも長く生きてきたおじさんは中古状態ですから、ガタがきたところは補修しなければなりません。

その補修が、すなわち、思い出の改ざんです。

あそこを補修、ここをリノベーション、とするうちに、もとの経験は美化され脚色されてしまうのです。

昔の就職活動は、大学の先輩が勤めている会社に口利きしてくれるなど、人の

紹介が幅をきかせているのが当たり前でした。こういう話も、おじさんにかかると、こんな言い方に〝変換〟されます。

「俺はね、若い頃は何社からも引きがあって、入社してからも『うちにこないか』という誘いがしょっちゅうあってさ……」

事実をベースにしているけど、先輩が「うちにこないか」と声をかけてくれた話がなぜか「引き抜きにあいまくった」かのようになってしまう。

すごい自分、がんばった自分を認めてほしい、尊敬してほしいという気持ちは、「おじさん話法」に拍車をかけます。

聞いている方は、たまったもんじゃありません。真実から遠ざかるおじさんの話は、しらけてしまうのです。

こういう言葉があります。

愚者は、経験から学ぶ。賢者は、歴史から学ぶ。

おじさんの「俺の若いときはね」という話は聞きたくないけど、

「江戸前期の若者はね……」

だったら、ちょっと興味が湧きませんか？

時代が変わり、生活様式が変わり、文化文明や科学技術がどんなに発達しても、人間の心根はさして変わらない。

2000年前も、500年前も、今も、恨《うら》み、妬《ねた》み、嫉《そね》みの感情は変わらない。だから、未だにシェイクスピアの戯曲がウケている。

そう考えれば、改ざんされまくった自分の経験を延々と語るぐらいなら、歴史のことを面白おかしく話す方が喜んで聞いてもらえる確率ははるかに高いです。

短い一言「どうぞ、お元気で」が心を打つ

「俺が、俺が」にならず、自慢話もしない。すごくカッコいいおじさんももちろんいます。

僕の中で強く印象に残っているのが、お亡くなりになった名優・三國連太郎さんです。三國さんに関しては、今でも鮮明に思い出すことがあります。

昔、『おしゃれカンケイ』というトーク番組の司会をしていた頃、ゲストに三國さんが出演してくださったことがありました。

あんなにボソボソしゃべる人、他にいるかな？　と思うほどボソボソしゃべるんだけど、三國さんだからカッコいいんですよね。

番組収録が終わり、僕はスタジオの玄関先までお見送りしたんです。三國さんが猫背気味に背中を丸めて遠ざかり、暗がりの中に入りかけたので、僕は三國さんに背中を向けて、資料を手に取り片づけに入ろうとしました。

すると、小さい声で、

「古舘さん」

と呼ばれたんです。意表を突かれ、内心、

「参ったな。三國さんに背中を向けちゃってる」

と思いました。

本当は、相手が見えなくなるまでお見送りするべきなんです。料亭の女将さんは、お客様の車が見えなくなるまで頭を下げます。

分かっているのに、僕は中途半端なことをしてしまったと後悔しながら振り返ったら、ぽっぽっぽっぽっと3歩くらいこちらに寄ってきて、

「古舘さん」

のあと、ボソッとこう言われたんです。

「どうぞ、お元気で」

三國さんが暗がりで見えなくなったこと。

自分が背中を向けてしまったこと。

小さな声で、ボソッと「どうぞ、お元気で」と言ってくれたこと。

これらの情景と三國さんの言葉が絡まりました。

間を置いて一言、心を込めて「追伸」を綴ることが、相手の心に強く突き刺さるのです。

POINT

俺の歴史を語るくらいなら、日本の歴史を語る

CASE 18

“あいづち力”

あいづちは、肝心なところにだけうつ

（心の中で）

「うん……うん？」

NG WORD はいはいはい、うんうんうん、それでそれで？

聞き上手は聞き切っている

「私って、頑固なのかなあ？」

恋人や旦那に「頑固」と傷つくことを言われて凹んでいる友達がいたら、どうしますか？

「いやいや、柔軟性はあると思うよ」とフォローするのか。

「何それ。ひどいね！」とひたすら同調するのか。

いろいろな方法があるかと思いますが、僕は、ヘタなアドバイスはせず、**相手の話を全面的に聞く。聞いて、聞いて、聞き切る。**これが、落ち込んでいる人に寄り添うときのコミュニケーションだと思います。

このとき鉄則なのが、**あいづちは極力少なくすること。**

年を取るほど、人は気づかぬうちにあいづちが多くなります。でも、落ち込んでいる友達がポツポツ話をしているときに、いちいち、

「うんうんうん、それでそれで？」

はうざいです。

ビジネスシーンでも、ベテラン営業マンが相手の話に、

「ええ、ええ、えっ、えっ、ええ、ええ」

と連呼するのを見かけます。あいづちの数は年齢と比例します。

誰かの話を聞いている小学生が、「うん、うん、うん、うん」だの「ええ、ええ、ええ、ええ」とあいづちを打っているのは聞いたことないですよね。

必要ないから、言わないのです。どこか相手に媚びている、もしくは優位に立ちたいから、余計な音が入るのです。

相手の話を聞くときは、あいづちは、極力控えめに。

でも、「聞いているよ」という意思表示はしたいから、ときどきあいづち代わりに首を縦に「うん」と振る、あるいは、ごくたまに、「うん」と小さく言う程度で充分です。

相手が「こんなところも頑固だって言われた」などと、いかに自分がひどいことを言われたか、具体例を持ち出して延々としゃべったとしても、とにかくしゃべり切るまでしっかりと聞きます。

そのあとこちらがやるべきことは、最後の水引の紐を結ぶこと。

「私も頑固なところがあったかもしれないけどね……」と言われたら、「うん。頑固なところはあるよね」とストレートに返す。

なぜなら、相手は、「自分は頑固な部分がある」ことは薄々感じているからです。じゃなければ、「頑固」というキーワードに引っかかりません。思っていなければ、誰かに「頑固」と連呼されても、右から左に聞き流せるはずです。

つまり、「あんな言い方で『頑固』って言わなくてもいいと思わない？」と思っている人に、「頑固だよね」と言ってしまうのです。

一瞬傷つくだけなら、心の免疫力は高まる

「頑固だよね」と言われたら、相手は一瞬傷つきます。

けれど、言った相手がどんな言い方をしたかで、心象は大きく変わります。

「おまえって、頑固だよな」と鼻で笑うかのような言い方であれば傷つきますが、話を延々と聞いてくれた相手が、「あなたは頑固だよ」と優しい口調で言えば、**一瞬傷ついても、すぐに自己再生します。**

「頑固だよね」と言ってもらうことで、「ストレートに言われたから傷ついた」と思うと同時に、

「ズバリ言われて、ホッとした。むしろ、前向きになれた」

という気持ちにもなるのです。

鍼を打つと、一瞬チクッとします。体の筋膜が傷つくので大慌てで修復しようとします。ストレートに言われたときもそうで、一瞬傷つくものの、ちゃんと自己再生する。

傷つきは心の免疫力を高めると言えます。

みのさんは、話し上手なようで聞き上手

もちろん、おじさんの中にも、相手の話に耳を傾けるのが上手な人もいます。そういう人の聞き方、相手への気配りの仕方は参考になることが多々あります。

僕の周囲で真っ先に名前を挙げるなら、みのもんたさん。

みのさんについては、もしかしたら、「自分の話ばかりするおじさん」のイメージを持つ人もいるかもしれませんが、逆です。

みのさんと僕ともう一人ぐらいで飲みに行ったとき、僕は、みのさんに「それで言うならみのさんね……」と、わーっと自分の冗長な話をしたことがあったんです。

このときみのさんは、横やりを入れずにニコニコと楽しそうに聞いてくれて、長い僕の話が終わったら、隣にいる人の肩を手で叩きながら、少し間を置いて、

「……最高だろ？　こいつ」

って僕のことを見ながら言ってくれたのです。

最高なのは、みのさんですよ。

僕の話をさえぎらずに最後まで聞いてくれるだけでなく、話の途中で笑いそうになっても、「がははは」と声には出しません。

笑った途端に、こちらのしゃべりが止まるのが分かっているからです。

だけど笑いたいから、肩甲骨を前後に揺すりながらこらえているのです。体の動作だけで、笑っていることが伝わります。

みのさんを見ていると、つくづく会話は、**「相手をおもんぱかる富士サファリパーク」**だなと思います。

サファリパークは、遠くに柵があって、動物が園内にいる限りは動物にやりたい放題にさせてあげますよね。僕がサファリパーク内を嬉々として駆け回っている間、みのさんはやりたい放題にさせてくれる。

こうしたコミュニケーションは、相手の聞くスキルが相当高く、微に入り細を穿つから成立するのです。

話を聞いてもらった側は、非常に心地良くなります。みのさんが話し上手なのは、聞き上手だからだと思います。

人の話をよく聞き、話の流れや、最後のオチが面白かったら、そこで謙虚に学ぶ。〝聞き上手という勉強時間〟があるからこそ、自らのおしゃべりという形でアウトプットできる。

おそらく、誰に対しても、こんな感じで人の話をきちんと聞いているのでしょう。

その間、自らのしゃべりは封印しているわけですから、いざ、アウトプットするときには堰《せき》を切ったように話せるのだと思います。

あいづちの天才、関口宏さん

先ほど過剰なあいづちはいらないとお伝えしましたが、実は日本には「あいづちの天才」がいます。

関口宏さんです。ここでは、関口さんの強み「あいづち」がどんな影響を与えるのかお伝えしたいと思います。

関口宏さんは、１９８７年から30年以上続く長寿番組『サンデーモーニング』の司会を務めています。

その中で際立っているのが、あいづちです。

関口さんは、「○○さん、どう思いますか？」といった通常モードの司会進行はしません。

じゃあ、どんな司会をするのか。

あいづちを打ちながら、次につなげるのです。

誰かが何かを言ったあとの関口さんの進行は、こんな感じです。

「うん……？」
「うん……。そう……かな？」

誰かの意見を聞いていることを示す「うん、うん」という類のあいづちではなく、誰かの意見に対する自身の反応を「うん」という一言でボソッと表現しているのです。

「うん……？」と「ん」の語尾が上がることで「確認」や「疑問」の意を示したり、「ん？ そう？」と「ん？」を強めに言うときは、異議を唱えるなど、「うん」にも豊かなバリエーションがあります。

いずれにしても、てきぱきとしゃべり、自らも意見を述べながら仕切る、いわゆる司会のイメージとはまるで異なります。

何かのコーナーで誰かに意見を求めるときは、

「これは？　……どう？」

最後の「どう？」で、別のコメンテーターに話を振る。基本的には、これで進行できてしまいます。

すべてのあいづちはボソッとしている、究極の受け身。そこが関口さんのすごさです。

ＶＴＲを観せるときも、

「ＶＴＲがありますので、ご覧ください」

という言い方はしません。

「んじゃ、ＶＴＲ」

とボソッと言います。

聞いている側は、「ん？　今からＶＴＲが始まるよね？　そう言ったよね？」と、関口さんについていこうとします。


これは、**〝ツボ外し〟の原理。**

鍼の先生に聞いて感心した話なのですが、鍼を打つときって、ツボの真ん中に打ちますよね。それはもちろん効くのですが、何回も打つと体が甘えちゃってあまり効かなくなるそうなんです。

だから上手な先生は、わざとツボの真ん中を外して打ちます。

東洋医学では、人間の体にはエネルギーの循環する経路があるとされ、その路線上にツボが点在していますが、ツボ以外に打たれると周辺の気がツボに寄っていこうとする。

つまり〝ツボ外し〟をするからこそ、免疫機能も高まっていくそうです。

関口さんのボソッとしたあいづちは、いわば鍼でいう〝ツボ外し〟です。

聞く側は、自分たちがしっかり聞かなければ聞き漏らしてしまうという気になります。**聞く方に主体性を促すあいづち**と言えるんです。

今すぐ活かせる「のみ声話法」

関口さんのあいづち話法は、声を呑む「のみ声話法」とも言えます。

本来の「声を呑む」は、緊張し過ぎたり、驚いたり、感動のあまり声の出ない状態を指しますが、ここでいう「のみ声話法」は、わざと声を抑えて話す感覚です。関口さんや、あとは俳優の森本レオさんもそうですね。〝のみ声ナレーション〟で一世を風靡《ふうび》しました。

たとえば、こんな内容の話を僕と関口さんがするとします。

「前方にドアが見えますけれども、あのドアの向こうに立っている方にも届くような発音と滑舌のよさで話さなければなりません」

これは、僕が局アナ時代に叩き込まれたことですが、僕がしゃべったら実況中継のテイストも混ざるので、テンションも高めに、まさに「あのドアの向こうに立っている人」にも聞こえるように、よく通る声で話そうとします。セオリー通りですが、ともすると、だんだん聞いてもらえなくなる懸念もあります。

でも関口さんだったら、ボソボソッとした静かなトーンで話すと思うのです。

同じことを伝えても、僕と関口さんでは、相手に与える印象がまるで違う。関口さんの伝え方は控えめなので、先の〝ツボ外し〟の効果が出てきます。

話を聞いている側が関口さんの声を聞き漏らすまいと意識を集中させると思うのです。

情報過多の今の時代は、関口さんのような「のみ声話法」の方がいいです。

何かを肯定するときも、僕だったら、大きなよく通る声で「はい」と言ってしまいますが、関口さんは聞こえるかどうかの声で「はい」と言うでしょう。何かに驚いたときも、僕なら「本当ですか？」と大声で言ってしまいますが、関口さんだったら、一言こう言うと思います。

「え？」

「それ、本当？」と言わず、一言「え？」だけで聞き返す。

まさにのみ声話法ですが、「え？」だけで驚き、疑問などを見事に伝えています。

昔、関口さんに、

「司会者は、大きな渋い黒壇《こくたん》のテーブルたれ」

と言われたことがあったんです。

司会者は、大きな渋い黒壇のテーブルのごとく悠然《ゆうぜん》と構え堂々として、ゲストはテーブルの上に派手な絵皿いっぱい置いたらいい、と。まんま、関口さんが実践していることです。

あまりしゃべらず、ボソッとしたあいづちで進行していく。

この間、関口さんにお会いする機会があったときに、

「僕は未だに黒壇のテーブルのようにはなれません」

とお伝えしたら、

「ん……？　言った……？」

と笑っていました。続けて、こう言われました。

「違うよ。伊知郎ちゃんは、俺よりしゃべりが流暢《りゅうちょう》だからさ、いいんだよ。俺はそこまでじゃないから、黒壇のテーブルになったんじゃない？」

ちょっと腹が立ちませんか？　素晴らしい人過ぎて。


みのもんたさんの聞き切る力もすごい。

関口さんの吐息的あいづちもすごい。

どちらも人の話を聞く方法論です。


「人の話より、自分の話」になりがちな人は、まず相手の話を聞く。

次いで、頷《うなず》いてほしいところだけ適宜頷く。

その際のあいづちは、のみ声にする。

これを徹底させるだけでも、聞く力は格段に高まります。

POINT

ツボ外しの原理で、ボソッとあいづち

COLUMN 05

言いよどんでも凹むな！

コミュニケーションは、そもそも「不完全」なもの。

話の途中で、次の言葉が上手く出てこなくて詰まってしまう。

もっと上手く話したいのに、すらすらと言葉が出てこない。

そんなことはありませんか？

「う……」とか「あっ……」と言ってしまう、いわゆる「言いよどんでしまった」とき、

「自分は話がヘタだなあ」

「どうしていつも相手に上手く伝えられないんだろう」

と凹んで、失敗したと思い込んでしまう人は多いようです。

でも僕は、声を大にして言いたい。

「言いよどむ」のは、失敗でもなんでもない。

その間《あわい》が、逆にコミュニケーションを活性化するのだ、と。

僕は、コミュニケーションは、人間の不完全さを双方が補い合うことだと思うのです。

自分も不完全、相手も不完全が前提で、それぞれが相手の〝言葉の肌触り〟を自分の中で翻訳、通訳したり、ときに謎解きしながら、

「あ、こういうことね？」

とフォローし合っていく。

ちなみに、ロボットも「不完全」な方が、人間に近づきます。

豊橋技術科学大学の岡田美智男教授は、〝弱いロボット〟の研究をしています。

車の衝突回避システムを始め今のロボットが「能力の高さ」を競う中、岡田教授の作るのは、言いよどむロボット、もじもじするロボットなど、不完全さのあるロボットです。

それゆえ、途端に〝生き物らしさ〟が出てくるのです。

「う……」とか「あ……」とか「言いよどむ」のは、僕は、〝言葉のふるさとに里帰りしている〟のではないかと思っています。

人類は、大雑把に言えば、
猿人（アウストラロピテクス）
↓原人（ホモ・エレクトス）
↓旧人（ホモ・ネアンデルターレンシスなど）
↓新人（ホモ・サピエンス）
へと進化したと言われています。
言語を利用し始めた時期は諸説ありますが、いずれにしても進化の過程で声帯を獲得して、音声につなげ、言葉を紡いできたことは間違いありません。
当初は、言語と言えるかどうか、「うっ」とか、「あっ」とか「お、お」だったはずです。
同じ「う」という言葉でも、その強弱や声のトーンで、是か非や喜怒哀楽を表

COLUMN 05

して意思の疎通を図っていたと思います。

これこそが、私たちの「言いよどみ」の〝ルーツ〟だと思うんですね。

だから今、言葉に詰まるときは、つかの間、言葉のふるさとに里帰りしている、と思ってみるのです。

そもそも、言葉にするのって限界があると思いませんか。

たとえば、洋服は、S、M、L、XLなどのサイズに分かれていますけど、どうしてXSやXLはあるのに、XMはないのか？

究極のMというのは存在しないのか？

でも、それらをすべて言葉にしていたらキリがないし、

「だったら、オーダーメイド着てろよ」

って話にもなるから、

「だいたいこのあたりまではMにしよう」

と決めているに過ぎません。

商売上、その方が合理的です。

また、言葉にした時点で、必ずそこには制限が加わります。

また、言葉というものの特性には、必ず区分けをするというものがあります。

「名刺」という言葉は、

「名刺（財布ではなく）」

「林檎」という言葉は、

「林檎（マンゴーではなく）」

と必ず否定を伴って区別し、一つ一つの言葉を作っているのです。

「あの木の枝にとまっていた小鳥が今、

飛び立った」

と誰かに伝えるとします。ここにも制限がかかっています。

本当は小鳥が飛び立っただけではなく、鳥が飛び立った後の枝のかすかな揺れから枝の持つしなやかさを見て取っているはずだからです。

小鳥が去った後の空白に切なさも見て取っているはずなのです。

それをすべて言葉にできない悲しみも伴うものなのです。

言葉を獲得した人間の方が、実は制限だらけなのかもしれないと思うことがあります。

言葉を持たないゴリラは、言葉を持たないゆえの、ある意味豊かな表現方法を持っています。

ゴリラ研究の第一人者であり、京都大学総長の山極壽一さんは、

「ゴリラは、心だけでなく体全体で過去に戻るのかもしれません」

とおっしゃっています。

山極さんは、アフリカの森の「洞《ほら》」で一緒に寝泊まりしたこともあるゴリラと26年ぶりに再会しました。

霊長類同士なら分かる、

「グッ、グフーム」

といった特有の言葉を使ってコミュニケーションを図ろうとしましたが、ゴリラはなんの反応もしません。

数日後、会いに行くと今度は近づいてきて、山極さんの目をじーっと見ていき

なり仰向けに寝転んで子ゴリラと一緒に取っ組み合いを始めました。

山極さんの言葉を借りれば、人間の言葉を持たないゴリラは心だけでなく体ごと26年前の過去に戻ったのです。

ここで、長田弘さんという詩人の言葉をご紹介します。

彼は『花を持って、会いにゆく』という詩の中で、言葉についてこんなふうに表現しています。

「ことばって、何だと思う?

けっしてことばにできない思いが、
ここにあると指すのが、ことばだ」

言葉には、言葉だけでは表現しきれない想いや背景が隠れている。


「うー」とか「あー」などの言いよどみこそ至言であり、豊饒《ほうじょう》な言語であり、人類の喜びや悲しみが詰まっているのかもしれませんね。

CHAPTER

05

気持ちにそっと寄り添う

CASE 19

“煮こごり力”

感動したことを伝える渾身の一言

(一間二間置いて)

……感服《かんぷく》しました

NG WORD

感動しました！

インフレ化した「感動した」の置き換え

誰かと映画を観に行って、期待以上で大満足だったとき、相手にその感想をどんなふうに伝えますか？

面白かったときほど、「面白かった！」

感動したときほど、「感動した〜！」

案外、ストレートな短い感想しか出てこなくて、もどかしい思いをしたことのある人は多いのではないでしょうか。

もちろん、後づけはいくらでもできます。

「感動した！　主人公が最後、母親と再会したときの表情。切なさと愛しさが入り混じっていたね。あの人、子役のときから演技してきただけあるよね」

相手とコミュニケーションを図ろうとすると、感想一つ言うときも、こんなふうに気のきいたことを言わなければ「ボキャ貧（ボキャブラリー貧困）なヤツ」認定されてしまいそうです。

「面白いね！」だけじゃ、「面白くないヤツ」と思われてしまう。何か言わなければと焦ります。

コミュニケーションを、「コミュニケーション能力」と捉え、まるでスキルか何かのように習得しなければならないものだと思っている人は多いです。

だから、半ば強迫観念のように、上手い表現や、少しでも知的な表現を探してしまいます。でも本来、コミュニケーションは「伝え合う」ものです。

だから、「感動したよ」でも、**相手に伝わればそれでいい**のです。

ただ、「感動した」という言葉は、あまりにも使われ過ぎて手あかがついた印象がぬぐえません。

短い言葉で伝えるなら、さすがにもうちょっと違う表現に置き換えたい。インフレ化した言葉からは卒業したい。

そう思う人は、代替の一言を自分なりに考えておくと便利です。

感動したときほど、低いトーンで伝える

実は僕は、自分のことを「ボキャ貧だなぁ」と思っていて、それが顕著に現れるのが、知っている俳優さんのお芝居や映画を観に行ったときです。

舞台や映画が終わったあとで、本人や監督の楽屋にお邪魔して感想を言う機会があるのですが、あまりにも良いもの見たときは、「本当に感動しました」「最高

でした」「本当に面白かったです」ぐらいしか出てこないんです。

僕の前に並んでいた人も、「いやあ、泣けたわ」「感動したわ〜」と言っています。僕は、曲がりなりにもしゃべりのプロなのに、前の人となんら変わらないことしか言えないのです。

もしも長尺しゃべっていいなら、実況中継さながらに、あの幕間において、どんな気持ちになったのか延々と言うことはできます。でも、自分のあとにも挨拶する人が何人も控えていますから、端的な感想しか求められていないわけです。そうなると、結局は、面白い、感動、最高ぐらいしか出てきません。

でも、あるとき思ったんですね。「感動した」というインフレ言葉をいつまでも使うのは、映画の宣伝で「全米が泣いた」を使い続けるようなものだ。もうイヤだ！　いい加減やめよう！　と。

そこで「感動」に変わる言葉を探して、**「感服」**に落ち着きました。

「感動」……ある物事に深い感銘を受けて、強く心を動かされること。
「感服」……深く感心して、尊敬・尊重の気持ちを抱くこと。

感動よりも、相手への尊敬の気持ちや、深くため息をつくほど立派な舞台だと思ったというニュアンスが出るんです。

とはいえ、新たな言葉に置き換えても、普通に「いや〜、感服しました」と伝えるだけでは、せっかくの言葉の魅力が半減します。ここは、伝え方に一工夫したいところです。

芝居が終わり、俳優さんの楽屋にお邪魔したら、相手の目をスッと見て、間を置きます。

間を置く。

ただそれだけのことですが、普段、間を置かずに話す人の方が圧倒的に多いので、「何か、とても大事なことを言い出しそうだ」と思ってもらえます。

一間。

二間。

そして、ここが肝心なところですが、**静かに抑えたトーンで、**

「……感服しました」

と言います。

「感動」したときは、どれだけそれを大げさに表現できるかを競うようなところがありますよね。

身振り手振りも大げさに、はちきれんばかりの表情で「感動したよ〜!!」と大声で伝えますが、だからこそ、**あえて、ちょっと寝かせて、グッと抑えて、「感服」の一言に凝縮させて伝えるのです。**

間を置くことで、言葉を固め、ゼラチン状にする。

言葉を煮こごり化するのです。

しみじみ言葉を凝縮して言うから、相手の印象にも残りやすくなります。

あるいは、「最高でした」の置き換えとして、やはり一間、二間置いてから、声を落として消え入るぐらいの調子で、

「……言葉ないっす」

と言うこともあります。言葉、ありますけどね。

POINT

間を置いたあとの凝縮ワードは、相手に響く

CASE 20

“口説き力”

雄弁より、沈黙が勝る！

「・・・・・・・・・」

（パイナップル、パイナップル）

NG WORD

キレイな髪だね／かわいい声だね

しゃべれることと、口説けることは違う

あの人を、どうしても口説き落としたい！

そんなふうに勝負をかけたいときもあるでしょう。

口説きのテクなんて、僕が言えた義理ではないですが、周りを見ていて思うことがあります。


それは、あえて黙ること。


少なくともペラペラしゃべるより、上手くいく確率は上がると思います。

僕は、実況、描写力というのは自信があるんです。


「今私は、1歩、2歩、3歩と歩いております。

思えば人間が二足歩行を始めたきっかけには諸説あると言われておりますが、サバンナの遠くまで見渡して獲物を発見しなければならないという必要があったのでしょうか。

そんなことをしゃべりつつ、都営地下鉄三田線の西巣鴨の駅に差しかかってまいりました。立ち食い蕎麦屋も見えてまいりました。人々は立って食しております。本来は、立って食するというのが一番野趣あふれる形なのでしょうか？　おっと目の前に地下鉄へとつながっていく階段が開けてまいりました」

というふうに仕事に向かう途中も、常にしゃべり続けることができます。

若い頃は、

「しゃべれるということは、口説けるはず」

と思っていたのですが、たいしてモテない。それどころか、全然モテない。

で、気づいたんです。

しゃべれることと、口説くことはまったく別モノだということを。

これは、僕にとって〝世紀の大発見〟レベルの気づきでした。

沈黙は金、雄弁は銀

「口説く」というのは、言葉ではなく、ノンバーバル（非言語）コミュニケーションの方が効果的です。

たとえば、お気に入りの女性がいたとして、通り沿いに面しているビストロにご飯を食べに行ったとき。

セクハラにならない程度に髪の毛に触れる。

カウンターで隣同士だったら、笑った拍子に相手の膝あたりをさりげなくタッチする。

こうした、言葉のないコミュニケーションの方が、言葉よりも何倍も効果的。


あとは、**押しの一手にならない**ことも大切です。

押す、引く。

このさじ加減が上手い人は、やっぱりモテる。

「今日のヘアスタイル、気に入っているんだ」

と言われてもそれについてはあえてスルーしたり。かと思えば、女性がお酒を片手に、通りのガラス越しの自分を見ていたら、こんな一言を言ったり。

「ガラスを見ないで、俺の顔を見て」

ちょっとキザだけど、ドキッとしますよね。

まあ、これは人を選ぶ。いわば、ゲレンデスキーのレベルじゃなくて、山スキーの上級者レベルのセリフですが。

さらに、一番効果的なのは「沈黙」です。

男と女には、黙らなきゃいけない瞬間がある。

ましてや、つき合い始める前の口説き落とす段階では、なおさら、あえて黙るシーンを作る方がいいのです。


まさに、沈黙は金、雄弁は銀。

何も語らず黙っているのは、すぐれた雄弁よりも大切。

僕への戒めのためにあるような諺ですが、本当に、「沈黙は金」だと痛感します。

多弁はモテません。だから、女性を口説こうと思うときは、絶対にしゃべらないようにしていました。

実際、黙っている時間を多くしている方が、好感度は高かったような気がしますね。

パイナップルと唱えてみる

黙るとは、間を置くということです。

間を充分に取っても、取り過ぎるということはないです。

とはいえ、「沈黙は金」なのは分かっていても、口説き落としたい子を目の前にして、「あえて、黙る」というのは、結構難しいと感じる人は多いと思います。

そういうときは頭の中で「パイナップル」と唱えてみます。

少なくとも、「パイナップル」と唱える間は、沈黙していることになりますから。

あ、別に「パイナップル」じゃなくても、「クアラルンプール」でも「サムギョプサル」でも、間を置けるならなんでもいいんですよ。

POINT
頭の中で何かしらの言葉を唱えて黙る

CASE 21

“アドリブ力”

現場の空気感を捉えて臨機応変に対応

「その怒りを僕にぶつけてくれませんか」

NG WORD

今、どういう気持ちですか？

アドリブするなら、まず準備

プレゼンや企画会議、あるいは取引先との打ち合わせなど、入念な準備が必要なときがあります。

準備は、いわば勝負に挑むスタートラインです。

用意周到にしておくからこそ、相手の発言に対して切り返すこともできるし、的確な質問もできる。そして何より、準備したからこそ **〝芯をくったアドリブ〟** も出てきます。

僕は、誰かにインタビューするときは、「インタビュー＝準備」というぐらい、その人の生い立ち、今までの言動、どんな活動をしてきたかなどを、これまでのインタビュー記事や、メディア出演などから調べられる限りのことは調べておきます。

それでも、**10の準備をしても、本番では3ぐらいしか出せない。**

いえ、3ぐらい出せればいいと思っています。10の準備をして10出せたことが、必ずしもいい仕事をしたことにはつながりません。

というのも、用意した質問だけを投げかけて、相手がそれに答える〝紋切《もんき》り型《がた》〟

のスタイルに終始すれば、相手の面白さや意外な人間性などは引き出せないからです。

〝紋切り型〟の代表格が、プロ野球のヒーローインタビューです。

昔から、ずっとこんな感じです。

「放送席、放送席。ヒーローインタビューです。今日はどんな気持ちでマウンドに上がりましたか？」
「そうですね。行けるところまで全力で行こうと思いました」
「6回でピンチが訪れました。あのときはどんな気持ちでしたか？」
「そうですね。何も考えずに全力で行きました」
「9回に入ったときは、かなりプレッシャーだったんじゃないですか？」
「そうですね。プレッシャーはありましたが、良かったです」

こんな紋切り型では投手の〝リアルな声〟は聞こえません。

なのに十年一日なぜこのスタイルが続いているかといえば、トークをしようというわけではなく、勝利投手の生の声を大観衆に届けるというセレモニーのみに徹しているからこうなるのです。

今の表情を見逃さない

もしこのとき、発言している投手のちょっとした表情やしぐさを見逃さずにいれば、たとえば、

「今、プレッシャーがあったとおっしゃいましたが、実はプレッシャーを楽しんでいるようにも見えましたけど？」

「ああいう場面、嫌いじゃないです。アドレナリンが出ます」

ここにトークの神が宿ります。

肝心なのは、ココです。

目の前で起きていること、目に飛び込んでくることを見て、**その現場の空気感を捉えて臨機応変に対応する。**

それが〝相手の心の中に入り込む糸口〟になるのです。

そもそもインタビューは、土足で相手の家の中に入るようなものです。だったら、たとえぶん殴られてでも、相手の心の中に入っていこう、ねじ込んでいくぞという覚悟がなければならないのです。

〝紋切り型〟の質問をするというのは、自分の用意したストーリーに相手を従わ

せることに他なりません。だから、窮屈で閉塞感があるのです。

準備した10のうち7ぐらいは捨てるつもりでいてちょうどいい。

準備した上で、現場で相手の表情を見ながら臨機応変に対応できれば、相手と共鳴し合うのではないでしょうか。

震災できれいごとは言えなかった

今の話に関して、僕が『報道ステーション』で最も勉強になったのは、東日本大震災の現場に行ったときでした。

何回も取材に行きましたが、身内が亡くなっている人にかける言葉が見つかりません。安易な言葉はかけられない。

「俺、インタビュアーじゃねえな。現場にきて、何もせずに帰るだけだ」

無力感に苛《さいな》まれました。


あるとき、水産加工場の前で、腐った魚を海に向かって１日中捨て続ける漁師さんがおり、半日取材をしたことがありました。

お風呂に入っても、３日間ぐらい臭いが染みついて取れない。そのぐらいの強烈な臭い。地面には、腐った魚をエサにした丸まると太った白いウジがたくさんいました。

その傍《かたわ》らで、漁師さんは、いつ出るか分からない漁に出るために網を修理している。そこでインタビューしたのです。

事前の質問なんてなんの役にも立ちません。現場にきてみたら、実際に目に見えるものは予想していたよりもはるかに厳しい現状でした。

もう、正直に言いました。

正直に言うしかなかったからです。

「東京からきてすぐに帰るだけの僕には、偉そうに聞くことが何もないです。おたついちゃって、あなたの苦しみを引き出すこともできません。すみません。だから、**僕に怒りをぶつけてもらえませんか？」**

カッコつけて体裁を取り繕って聞くことなんてできなかったので、こう言う以外になかったのです。

すると、漁師さんは、

「面白いこと言うね、あんた」

と言って、こんな話をしてくれました。


「俺は、高台に住んでいて家は無事だった」

「そうでしたか」

「ここまで太ったウジ見たことあるか？」

「いえ」

「まだ夏になる前なのに、ギンバエがすごいんだよ」

「本当に、すごいです」

「東京からきた人間には分からないと思うけど、ギンバエがびっしり覆っているから、家の窓が朝も夜も真っ暗なんだよ。どうするかというと、ヨーグルトの瓶や牛乳瓶に１滴だけハチミツを垂らしておく。それ目がけてギンバエがうわーっと瓶の中に入り込んでくるから。だから窓の外の瓶が真っ黒なんだよ」


ギンバエがわいてくるという現実を通して伝わってくるのは、その根底に流れる漁師さんの「怒り」だと思いました。

ニュースでは、僕の「怒りをぶつけてください」と言ったことは拾っていましたが、この漁師さんとのやり取りのシーンはカットされました。

僕は、使ってほしかった。

でも、ディレクターの「大変な生活をしていることをことさらクローズアップして伝えるのは、失礼ではないか」という配慮も理解できた。

何を、どこまで伝えるべきなのか。

あの震災は、その判断の揺らぎをつきつけてくる場面が多々ありました。

「怒りをぶつけてくれ」と言ったのは、インタビュアーとして捨て身のやり方、決死の覚悟でしたが、その思いを感じてくれると、相手は真摯に話をしてくれると身をもって経験しました。

POINT
相手の「今」に入り込む

CASE 22

“残心力”

言いよどむことが礼儀になる場合もある

(静かに)

「……つらいですか?」

NG WORD

どう？　大丈夫？

言いよどむからこその、「残心《ざんしん》」

お通夜やお葬式に出席し、故人のご家族に、

「この度は、ご愁傷様《しゅうしょうさま》でございます」

などとお悔やみの言葉を述べるとき、

「この……たびは……」

とどうにか言うものの聞き取りにくい小さな声で、そのあとの言葉はもはや続かない。

故人と親しくしていた、慕っていたなら、そうなるのは自然なことです。

言いよどむぐらいの方が、

「言葉に詰まっていますが、勘弁してください」

という気持ちが伝わります。

でもなぜか人は、使命感のせいなのか、あるいは本来持っている生真面目さのせいなのか、お別れのときでさえも「最後まできちんと言わなければ」と思う人は多いです。

しかし、言葉に詰まり、お悔やみの言葉がまともに言えなくても、ご家族や葬

儀に参列している人には、その悲しみはちゃんと伝わっています。

そしてこれは、**「残心」**にも通じることだと思います。

残心とは、もとは武道で使われる言葉で、技を決めたあとも、相手の反撃に対応できるように注意を払っている状態を指します。まさに心を残すことです。

たとえば、年上の相手と電話で話したとき、向こうが切ったのを感じ取ってから自分も切ると思いますが、こうした「残心」は日頃から自然にやっています。お通夜やお葬式で途中で詰まって言葉が続かなくなる言いよどみも、僕は「残心」につながると思っています。

最後まで言い切らない。

残った心はご遺族の元に寄り添わせる。

「この度は、ご愁傷様でございます」をはっきり最後まで言うことが、必ずしも正解とは限らないのです。

お見舞いの「大丈夫？」は大間違い

こうした相手の状況を思いやる力は、「残心力」とも言えるのではないでしょうか。この「残心力」が如実に出るのは、入院している友人のお見舞いに行くときです。

病室に入って、そう軽くはない患いでベッドにいる友人に向かって開口一番、なんて言いますか？

「大丈夫？」

こう言いながら入るのは、僕は大間違いだと思っています。

大丈夫じゃないから入院して横たわっているんです。

でも、「大丈夫？」と言われた相手は、

「大丈夫、大丈夫」

と返事をするしかありません。

しかも、「大丈夫？」と言う人ほど、快活そうに「大丈夫？」と言うのです。

あれでは、人の心配をするフリして、自分の元気を確認していると思われてもしかたがありません。

挨拶代わりに軽い気持ちで言っている人も多いでしょうし、早く元気になってねという気持ちを込めて「大丈夫？」と声をかける人もいるのかもしれませんが、でも、そう言われても相手は元気なフリをするしかないですよね。

仕事の合間にお見舞いに行った人の中には、気心が知れている間柄だから許されると思うのか、あろうことか、

「はぁ、疲れた～」

と椅子に座りこむ人もいます。

場合によっては、

「いいねぇ、横になれて」

と言う人もいますが二人の関係性によっては場が和むかもしれませんが、一つ間違うと取り返しがつきません。

お見舞いにかける言葉に「正解」は存在しないかもしれませんが、親しき仲にも礼儀あり。

自分なりの「残心」は考えたいところです。

僕が病室にお邪魔するときは、小さな声で、

「つらいですか？」

と言って入るようにします。

自分のことはさておいて、相手側に回りこむという配慮が必要です。

ただでさえお見舞いに行く人は、お見舞いに行った誠意を見せたいという〝自分売り〟が潜在的にあると思うんです。だからせめて、元気な素振りは見せないようにする。

それが「残心」ではないかと思います。

死にゆく人への自分なりの「残心」

余命いくばくもない人に対する「残心」とは、何か。

賛否両論あるのは百も承知で言いますが、

「自分もやがて逝くから、安心して（死んでくれ）」


と言うことではないかと僕は思っています。

当然ながら、最愛の人でなければ言ってはいけませんが、最愛の人が勇気を振り絞って言った一言は相手に必ず伝わると思うのです。

人が死にゆくとき、「なんで私がこんな目に遭わなきゃいけないんだ」という「抗いのステージ」があり、次に「冗談じゃない！」と暴れるほど怒る「怒りのステージ」がやってきて、その後「死んだらどうなるんだろう」という「恐怖のステージ」を経て、最後に、死ぬことを許す「許容のステージ」があると言われています。

最後の「許容のステージ」を迎え、薄々死期を感じている人に向かって、

「もうピークは超えたから、大丈夫」

なんてしらじらしい言葉はかけられません。

それが相手を傷つけまいとする「残心」と思う人はいるかもしれませんが、これは明らかに、**相手ではなく自分が傷つきたくないだけ**だと思います。

僕の姉は42歳でガンで亡くなりました。

当時、今はすでに亡き親父は毎日病室に通って、死にゆく娘に30分から1時間ほど、背中や腰にかけてマッサージをしていました。

マッサージのあと、

「死んだら、楽になるから」

「時が風化させてくれるから」

「俺も間もなく逝くから」

「怖いかもしれないけど、すっと眠るように死んでいけば、恐怖もまったくなくなるから安心して」

といった言葉を、3日に1回ぐらいの割合で、一言かけていました。言うタイミングを見計らいながら、親父は**勝負し続けていた**と思います。

これは、言葉の銃口をつきつけるのとはまったく違います。

姉は、時に黙り、時に傷つく顔をしていたようですが、ボディコンタクトを取りながらの真実の言葉だから、やっぱり伝わっているんですよね。

こんな経験は人生で何回もあることではありませんが、勇気を振り絞って言う「残心」というものは確かにあるのだと親父を通して学びました。

POINT

勇気を振り絞って言う「残心」もある

おわりに

言葉の凝縮は、愛すべき人間のずるさ、せこさをも凝縮している

この場を上手く切り抜けたいとき。

あいつに言い返してやりたいとき。

言いにくいことを、あえて言わなければならないとき。

この感動をどうにか伝えたいとき。

本書は、これら人間関係にまつわる様々なシーンの中で、「言葉を凝縮」して使うことで、今よりもコミュニケーションが楽しく、円滑になるといいなという思いでお伝えしてきました。


実は、出版社から本書を打診《だしん》された当初の企画書は、『おじさん話法』でした。

「話を聞いてもらえない世の中のおじさんに向けて話し方を教えてほしい」というもので、「僕もすっかり話を聞いてもらえないおじさん扱いか」とちょっとした落胆を味わうと同時に、「反面教師としての自分だから語れることがいくつかあるのではないか?」と強く思ったのです。

『報道ステーション』を離れ、浦島太郎状態だった数年を経て、僕自身、まだまだできることがある! 初心に戻ってゼロから出発だ! リ・スタートだ! そう思って本を出そうと思いました。

その後、もっと幅広い層に向けて話し方を伝えるべく「言葉を凝縮する」にテーマが変わり、どんな言葉を、どんなシチュエーションで使うのか? を考えてみました。

すると、「まずいな、やばいなと思ったとき、言い逃れるときの一言ってなんだろう」「相手が共感を求めてきても共感できないとき、なんて言うのかな?」などのシーンが次々に浮かんだんですね。

ああ、そうか。「コミュニケーション」って、自分や相手のせこさ、ずるさが如実に表れるんだと改めて感じました。

面倒くさいことには極力関わりたくないし、すぐごまかすし、ウソつくし、自分を良く見せたいし、自信がないけどあるフリをしたいし、という面があるんですよね。

同時に、人間というのは、困っている人、悲しんでいる人がいたら寄り添いたいし、言い合いになって険悪になれば早く仲直りしたいし、嫌われないよう傷つかないように自己防衛してもやっぱり嫌われたら凹むし、という面もある。愛すべき存在だなとも思いました。

コミュニケーションは、「私と他者（あるいは複数の他者）」がいて成り立ちますから、育った環境、もともとの性格、男女の脳の構造の違い、波長の合う合わないなど様々な要因で、自分の思ったようには伝わらなかったり、行き違ってしまうことはいくらでもあります。

渾身の凝縮ワードによって、その不器用なコミュニケーションが円滑になればいいなと期待していますが、反面、プロのしゃべり手として43年以上仕事をしてきた中で、「こういう場面ではこう言えばいい」という〝セオリー〟がまったく通用しないことがあるのも痛感しています。

ですから本書に登場する凝縮ワードは、それをヒントにしながらも、一人ひとりが自分の置かれた状況に合わせて応用してくれたら嬉しいです。

それにしても、本書のおかげで大きな発見がありました。

言葉を凝縮するため、最近起こった出来事を振り返ったり、過去に遡って印象深かった言葉を拾い集めていたら、ふと、「言葉を凝縮するのは、自分のアナウンサー人生を凝縮することにつながるんだな」と思ったのです。

新人時代、実況中継をメインにやっていた頃、フリーになって以降、口数多くしゃべりまくる中でも、頭をフル回転させて半歩先を見据えながら、「ここぞ！」の一言を常に考えていました。それらの言葉を風呂敷にいったん広げてピックアップしていく作業だったように思います。

そのエッセンスが伝わり、「こんなふうにちょっとひねった一言があってもいいかも」と日々の生活に取り入れたり、誰かにあいづちを打つときは「うん」は少なめにしたり、最も伝えたいキーワードはあえて抑え目に言うなど、何か一つでも心に引っかかる言葉が見つかり、活用していただけたら幸いです。


現場からは以上です。

最後までお読みいただき、本当にありがとうございました。

令和元年　盛夏　古舘伊知郎

寄稿

某月某日の天才

放送作家　樋口卓治

私は古舘さんの前で酔ったことがない。酒席で軽快に飛び出す、言葉の洪水に溺れそうになりながら、一瞬の間に、合いの手を入れたり、言葉の猫パンチを返すのがやっとだから、酔う暇がない、脳が酔っ払うのを忘れているのだ。どんなアルコールを飲もうが、それは単なる口を湿らすローションにしか過ぎない。それは事務所に入ってから30年間、変わらない。

そんな古舘さんがしゃべることに特化した本を出す。

本書は、古舘伊知郎の声を思い浮かべ読むことをおすすめする。

脳内に声を流し読んでいるうちに言葉のリズムが細胞に染み渡り、読了する頃には、あなたはおしゃべり上手になっている。いわば、おしゃべり界のスピードラーニングなのだ。

古舘さんは本書で、復帰した自分を「浦島太郎状態」と言っている。武士が騎乗で「我こそは～」と名乗りを上げているうち、足軽に槍で刺されてしまった戦国時代のように、『報ステ』前後でバラエティ番組のスタイルが変わった。

テレ朝に12年間、幽閉されていたオシャベリ座の怪人はそれを知らず、トークをまくしたてる。最初は、久しぶりに古舘節を聞けるとあって、聴衆は酔いしれたが、毎回となると、カラオケマイクを離さない部長を尻目に、終電の時間を気にする部下モードになってしまう。

ゴルフにたとえると、収録というラウンド中、芸人たちはアイアンでトークを刻むが、古舘さんは常にドライバーを持ち、いちいちティーアップして、間合いをとり、フルスイングでトークのドラコンを狙う。トークはフェアウェイを飛び越え、話がどこへ行ったか見失ってしまう。

『すべらない話』の出演が決まったときのことだ。

「この話、どうかな?」と古舘さんはネタを話し始めた。水を得た魚のごとく、随所に笑いを散りばめ、まくしたてる。……まだ、話している。まだ、終わらない。

「どう、面白い?」と言ったとき、36分を経過していた。

「さすがに長過ぎます」とあきれて言うと、「じゃあ、編集してもらうしかないか」とまんざらでもない顔をした。本来、3分程度にまとめるのが常識なのに、その十倍話すなんて、浦島太郎並の時間感覚である。

しかし、その数日後、私は天才を間近で見ることになる。

収録前、楽屋を訪ねた。久々のバラエティ収録、松本人志を始めとした精鋭芸人の前でしゃべるとあって、さぞかし緊張しているのかと思いきや、マネージャーと談笑している。ネタも一切、おさらいをしない。それでいて、本番、6回も順番が回ってきたが、どれも完璧にすべらずに話し、MVSをかっさらった。

2014年、一夜限りでトーキングブルースを行なった。

連日連夜、『報ステ』後、稽古は深夜まで続いた。疲労困憊もあって本番前日のリハはボロボロだった。あれもこれも話したいと、詰め放題のビニール袋のようにネタを詰め込み過ぎて、脳みそがバーストしかけていた。

数年のブランクもあるし、本番はやばいかな……と誰もが思ったが、いざ、本番になると、決めたネタを一字一句間違えずに2時間以上をしゃべり切った。

終了後、「やっぱり、俺、本番に強いのかな〜」と首を傾げていた。いやいやいや、あんた強過ぎでしょ、と誰もが心の中でツッコんでいた。

30年間、見続けてきた、枚挙に遑《いとま》がない天才のしゃべりは、今後、どこへ向かうのか。個人として、今の気持ちを言うとしたら、好きなアーティストのニューアルバムを待つファンの心境だ。

妄想を膨らませれば、湖畔近くにある別荘兼スタジオに籠って、新ネタを収録し、ネットで配信するとかを企ててほしい。誰でも発信できるネット時代だからこそだ。あいみょんを真似て、ふるみょんって名前で配信してもいい。

毎朝、新聞をひたすら音読する、『一人報道ステーション』もいいかもしれない。通勤が楽しくなるはずだ。世界中の美術品の音声ガイドを担当してもいい。

かつて、あらゆる滋養強壮剤の銘柄、成分をネタにしたドリンク実況、熱海の温泉街をモナコに見立てたＦ１実況、歴史上の哲学者たちのオリンピック入場行進の実況、現代のお父さんの悲哀をシェークスピアの台詞調でまくしたてたり、あらゆるワクワクを言葉にしてきた。そんなおしゃべりネタの新作詰め合わせを聞きたいと思う。

古舘さんは、テレビに合わせるのではなく、竜宮城で、おしゃべり大宴会を繰り広げるのがいい。そうすればテレビはもっと変われる気がする。

構成 ——————— 三浦たまみ
アートディレクション — 藤田康平(Barber)
装画 ——————— 羽鳥好美
DTP ——————— 坂巻治子
校正 ——————— 深澤晴彦
協力 ——————— 伊藤滋之、重倉 涼(TiesBrick Inc.)
マネジメント ———— 片岡久枝、奥村芳彦(古舘プロジェクト)
編集 ——————— 御友貴子
編集協力 ————— 金城琉南、滝本愛弓(ワニブックス)
編集統括 ————— 吉本光里(ワニブックス)

〈写真提供〉
[P70、P76、P110、P136、P152、P186、P192、P200] Shutterstock.com
[P130] ゲッティイメージズ
[P24、P34、P38、P46、P52、P62、P84、P94、P102、P116、P144、P160、P180] ピクスタ

言葉は凝縮するほど、強くなる

2019年8月20日 初版発行
2019年9月10日 2版発行

著者 古舘伊知郎

発行者 横内正昭
編集人 青柳有紀

発行所 株式会社ワニブックス
〒150-8482
東京都渋谷区恵比寿4-4-9 えびす大黑ビル
電話 03-5449-2711(代表)
03-5449-2716(編集部)
ワニブックスHP http://www.wani.co.jp/
WANI BOOKOUT http://www.wanibookout.com/

印刷所 株式会社 光邦
製本所 ナショナル製本

ISBN 978-4-8470-9819-2